Ludwig Keller

Zur Geschichte der altevangelischen Gemeinden

Ludwig Keller

Zur Geschichte der altevangelischen Gemeinden

ISBN/EAN: 9783743490550

Hergestellt in Europa, USA, Kanada, Australien, Japan

Cover: Foto ©Lupo / pixelio.de

Manufactured and distributed by brebook publishing software (www.brebook.com)

Ludwig Keller

Zur Geschichte der altevangelischen Gemeinden

Zur Geschichte der Altevangelischen Gemeinden.

Vortrag, gehalten zu Berlin am 20. April 1887

von

Dr. Ludwig Keller,
Kgl. Staatsarchivar

Berlin 1887.
Ernst Siegfried Mittler und Sohn
Königliche Hofbuchhandlung
Kochstraße 68—70.

Mit Vorbehalt des Uebersetzungsrechts.

Der Stifter unserer Religion hat seinen Jüngern nur die großen und allgemeinen Grundsätze, auf denen das Christenthum aufgebaut werden sollte, offenbart — alle die Lehren und Grundsätze freilich, an die er das Heil der Menschen gebunden wissen wollte, aber doch nicht alle diejenigen Regeln und Formeln, die wir Menschen nöthig zu haben glauben, um ein fertiges Gebäude in Kirche und Religion darauf zu errichten.

Wir sind gewiß, daß dies in weisem Rathschluß geschehen ist. Denn die Geschichte der Völker und der Religionen lehrt, daß dort, wo unveränderliche und feste Formen die freie Bewegung der religiösen Gedanken hemmen, auch diese Gedanken selbst rasch unter todtem Formelwesen erstarren. Nur solche Einrichtungen, welche die Fähigkeit besitzen, sich zu entwickeln, erwecken Leben und Bewegung. Erfahrungsmäßig pflegen die religiösen Gedanken nur dort begeisternd, tröstend und stärkend zu wirken, wo sie als Sauerteig im Leben der Völker thätig sind. Eben hierin liegt der Segen des Kampfes, der mit erlaubten Waffen gekämpft wird, und eben hieraus verstehen wir die Wahrheit und Nothwendigkeit der Worte Christi, wo er sagt: „Ich bin nicht gekommen, den Frieden zu bringen, sondern das Schwert", d. h. den Kampf der Geister um die Wahrheit.

Dieser Rathschluß Gottes ließ aber auch die Möglichkeit offen, daß das Christenthum sich in verschiedenen Formen und Parteien ausprägte. Nicht als ob der blutige Kampf, der im Laufe der Kirchengeschichte zwischen der einen Partei, welche verfolgte, und der anderen, die verfolgt ward, anders als durch dieselbe Zulassung Gottes, die manches Unrecht um höherer Zwecke willen zuläßt, erklärt werden sollte. Aber die Wege, welche der Stifter unserer Religion einschlug, brachten jene Verschiedenheit der Bekenntnisse naturgemäß mit sich, und wir müssen sie als einen Theil des Heilsplanes ansehen, durch den die Erziehung des Menschengeschlechts sich vollenden sollte.

Betrachtet man vom Standpunkt des Historikers aus die Parteien, in welchen das Christenthum im Laufe der Jahrhunderte Gestalt gewonnen hat, so kann man vornehmlich drei Formen oder Grundgestalten unterscheiden, deren jede freilich in zahlreichen Abwandlungen und Schattirungen in die Erscheinung getreten ist.

Diejenige Form, unter welcher seit dem 4. Jahrhundert die Mehrzahl der Bekenner sich zusammengefunden, hat sich entwickelt seit der Zeit, da gewisse Ideen des Alten Testaments (vor Allem die Ideen vom Priesterthum und vom Opfer), welche die ersten Christen nicht kannten, in den christlichen Gedankenkreis wieder aufgenommen wurden und in der Verfassung der christlichen Kirche Gestalt gewannen. Der Ausbau dieser Form ward in seinen wesentlichen Theilen abgeschlossen, als Kaiser Constantin das Christenthum zur Staatsreligion erklärte und die Privilegien der heidnischen Staatsreligion auf die neue Reichskirche übertrug. Damit drang die Idee von der Identität der religiösen und staatlichen Gemeinschaft, wie das Heidenthum sie gekannt hatte, in die christlichen Vorstellungen ein. Die Kirchengesetze gelangten mit Hülfe des weltlichen Armes zur Durchführung, als seien es Staatsgesetze, aber es geschah auch, daß die Staatsgewalt in die inneren Angelegenheiten der Kirche eingriff, als seien es Staatsangelegenheiten. Die Kirche war reich und mächtig, aber unfrei geworden und blieb es im Abendland viele Jahrhunderte hindurch, in der griechisch-slavischen Welt sogar bis auf den heutigen Tag.

Es war in mancher Hinsicht ein großes Opfer, welches die bis dahin freie Kirche brachte, indem sie sich in den Dienst des römischen Kaiserthums stellte. Aber die Männer, welche diesen Schritt vollzogen, erreichten den großen Gewinn, daß sie dadurch über alle ihre kirchlichen und religiösen Gegner eine unbedingte Ueberlegenheit erlangten. Denn Kaiser Constantin beschränkte die Anerkennung der christlichen Religion auf die Anerkennung derjenigen Form des Christenthums, in welcher es zu Rom die Herrschaft erlangt hatte. Als Christen galten von nun ab nur diejenigen Personen, welche mit dem römischen Papst im Glauben übereinstimmten. Alle Abweichungen von der römischen Kirchenlehre galten als verboten und waren, wie die neuen Anschauungen der Staatskirche es mit sich brachten, ein staatliches Verbrechen.

Die Lehren des Alten Testaments bestätigten die Theorie von der Nothwendigkeit und Berechtigung der Zwangsgewalt in Glaubenssachen. Und diese Auffassung ward allmälig ein unauslöslicher Theil des Systems, welches in Kirche und Religion sich festsetzte. Daher lehren katholische Autoritäten der Gegenwart, daß auch noch heute die Staatsgewalt in katholischen Staaten alle Anordnungen der Kirche zu vollziehen gehalten ist und vor Allem die Pflicht hat, „die Einheit des Glaubens durch Unterdrückung jeglicher Häresie aufrecht zu erhalten."*)

Der Begriff der sichtbaren Kirche, wie sie seit dem 4. Jahrhundert rechtlichen Bestand gewonnen hat, wird von ihren An-

---

*) So wörtlich bei Isid. Silbernagl (Professor des Kirchenrechts und der Kirchengeschichte zu München): Lehrbuch des katholischen Kirchenrechts. Regensburg 1880, Seite 14. Ueber die paritätischen Staaten sagt S., daß „die heut zu Tage überall gewährte Gewissensfreiheit nach außen hin keine unbedingte und unbeschränkte sei."

hängern folgendermaßen bestimmt: „Die Kirche ist die Gemeinschaft der Getauften, welche durch das dreifache Band des gleichen Glaubensbekenntnisses, der gleichen Theilnahme an den Gnadenmitteln und der Unterordnung unter einen Stellvertreter Christi, den Papst, vereinigt sind." Da es nur eine Kirche giebt, nämlich die römisch-katholische, so sind den Gesetzen der Kirche auch die Häretiker und Schismatiker grundsätzlich unterworfen, und die römische Kirche wird ihre Rechte an alle Getauften geltend machen, sobald der Zeitpunkt gekommen ist. Sie thut dies um des Seelenheils der Menschen willen, denn ein „Jeder, welcher die sichere Hoffnung haben will, die ewige Seligkeit zu erlangen, muß nothwendig der römisch-katholischen Kirche angehören."*)

Nach der Lehre dieser Kirche ist es falsch, zu glauben, daß die Kirchengewalt ursprünglich der ganzen Gemeinde, d. h. den Geistlichen und der Gemeinde, übertragen worden sei. Vielmehr hat Christus alle Gewalt lediglich den Aposteln und deren Nachfolgern anvertraut. „Somit," sagt J. Silbernagl, „zerfällt die sichtbare Kirche in zwei ungleiche Theile, in Träger der Kirchengewalt oder Kleriker und in solche, welche diese Gewalt anzuerkennen haben, oder Laien." —

Die zweite Form des Christenthums ist diejenige, welche seit dem 16. Jahrhundert Gestalt gewonnen hat, die aber je nach dem Standpunkt desjenigen Mannes, der Stifter und Begründer der einzelnen Kirche gewesen ist, in sehr verschiedenen Abwandlungen in die Erscheinung getreten ist.

Um die Grundgedanken dieser Erscheinungsform klar herauszuschälen, ist es nothwendig, auf die geschichtliche Urgestalt

---

*) Silbernagl a. a. O., S. 7. Als Beweis zitirt er: 1) die Bulle Unam sanctam des Papstes Bonifazius VIII. und deren Worte: Porro subesse Romano pontifici omnem humanam creaturam declaramus, dicimus et diffinimus et pronunciamus omnino esse de necessitate salutis; 2) die Thesen 16—18 des Syllabus errorum vom 8. Dezbr. 1864.

dieser Kirchen zurückzugehen, d. h. diejenigen Formen sich zu vergegenwärtigen, in welchen sie seit 1530 eine rechtlich gesicherte Existenz gewonnen haben. Dabei muß man freilich im Auge behalten, daß es neben denjenigen Parteien, welche lehren, daß ihre Kirchen noch heute auf jenem Boden stehen, auch solche Richtungen giebt, welche der Ueberzeugung sind, daß die erste geschichtliche Ausprägung nicht für die Gegenwart maßgebend sei. Diese Richtungen weichen in ihren Auffassungen von den Ansichten der orthodoxen oder positiven Parteien sehr erheblich ab, leider aber sind ihre einzelnen Vertreter auch unter sich über die Prinzipien des heutigen Protestantismus nicht immer so einig, daß es leicht wäre, ihre Gedanken in kurzen Zügen zusammenzufassen. Wir werden daher hier unter dem Vorbehalt, den Anschauungen der freisinnigen Protestanten dadurch nicht präjudiziren zu wollen, uns im Wesentlichen an die historische Urgestalt dieser Kirchen halten müssen, und dies umsomehr, als in der That diese älteste Gestalt in allen wesentlichen Theilen noch heute zu Recht besteht.

Ein Hauptkennzeichen der Reformationskirchen besteht darin, daß ihre Väter und Begründer einmüthig den Begriff des Priesterthums und des Opfers, wie er aus dem Alten Testament in die Weltkirche übergegangen war, beseitigt und die Idee des Priesterthums aller Gläubigen im Anschluß an das Neue Testament und den Brauch der ersten Jahrhunderte wieder hergestellt haben.

Dadurch erwuchs die Möglichkeit, die christliche Gemeinde in die Rechte, welche bis dahin der Klerus ausgeübt hatte, wieder einzusetzen. Aber gleich hier stellte sich eine wesentliche Verschiedenheit der Auffassung heraus, indem einzelne Zweige dieser Kirchen geneigt waren, diesen Schritt zu thun, während die Mehrzahl die Staatsgewalt in die frei gewordene Stelle einsetzte und so aus der Priesterkirche eine Staatskirche machte.

Nach deutsch-protestantischer Auffassung hat Christus selbst bereits eine Gemeinde oder Kirche begründen wollen, aber die

Ausgestaltung der Verfassung hat er der freien Entschließung derer, die an ihn glauben, überlassen; daraus folgt, daß die Kirche an keine bestimmte Verfassung gebunden ist und daß sie sich je nach den Zeitverhältnissen und nach Gründen der Zweckmäßigkeit als Staatskirche, Presbyterialkirche, Episcopal- oder Konsistorialkirche gestalten kann.

Die Stifter dieser Kirchen haben in ihrer Auffassung von der Kirche an der Vorstellung der Rechtsgemeinschaft insofern festgehalten, als sie sämmtlich geglaubt und gelehrt haben, daß auch solche Personen wirkliche Glieder der Kirche sein könnten, welche lediglich durch Zwangsmittel bestimmt werden, sich ihr anzuschließen, und daß auch Unmündige Mitglieder derselben zu sein im Stande wären. Seit dem Jahre 1525 hat Luther (und mit ihm übereinstimmend Zwingli und Calvin) diejenige Auffassung über den Begriff der Kirche gehegt und vorgetragen, aus welcher sich die Lehre von der Anwendung der Zwangsgewalt in Glaubenssachen mit Nothwendigkeit ergab und die in der Theorie von allen denjenigen aufrecht erhalten werden muß, welche den Kirchenbegriff der Reformatoren in späteren Zeiten in seiner alten Strenge festhalten.

Zur Anwendung der Zwangsgewalt konnten sich Männer wie die Genannten natürlich nur durch die höchsten und wichtigsten Gesichtspunkte ihres ganzen Systems bestimmen lassen, und man würde ihnen sehr Unrecht thun, wenn man glauben wollte, daß sie sich zur Beibehaltung der in der römischen Kirche herkömmlichen Theorie und Praxis entschlossen haben würden, wenn sie nicht ihren ganzen Bau durch Abschaffung jenes Zwanges zu gefährden gefürchtet hätten. In der That hängt die Auffassung von der Berechtigung des Zwanges mit dem Begriff der Kirche auf das engste zusammen; es ist aber bekannt, daß der Kirchenbegriff den Angelpunkt eines jeden Systems bildet.

Die reine Lehre oder das Gotteswort ist neben den Sakramenten nach der übereinstimmenden Ueberzeugung der ersten Stifter das sichtbare Merkmal der rechten Kirche; die sichtbare Kirche (neben der es auch eine unsichtbare giebt) ist nur dort vorhanden, „wo die rechte Lehre gepredigt wird und die Sakramente recht verwaltet werden." Aus der rechten Lehre erwächst der rechte Glaube, der die rechten Thaten und alle Vollkommenheit und Tugend wirkt. Derjenige, welcher die rechte Lehre besitzt und glaubt, ist gerecht und erwählt, und ihm ist die Seligkeit gewiß.

Hieraus folgt, in welchem Sinne falsche Lehre, Irrthum oder Ketzerei betrachtet werden mußte. Wie aus rechter Lehre Glaube und Tugend fließt, so aus falscher Lehre Unglaube und Gottlosigkeit; alles Uebel und alle Schlechtigkeit der Welt entspringt aus diesem Quell. Daher ist die Austilgung der falschen Lehre oberste und wichtigste Pflicht derer, die zu Hütern der reinen Lehre gesetzt sind; die falsche Lehre ist als schlimmstes Laster unter allen Lastern zu betrachten und zu bestrafen.

Der schriftmäßige Beweis für die Strafbarkeit der falschen Lehre findet sich nach Luther, Calvin und Zwingli bereits in den Schriften des Alten Testaments, zumal in den Büchern Mose.

Es gelang im 16. Jahrhundert, diese Anschauungen innerhalb der neuen Kirchen zu rechtlicher Gültigkeit zu bringen, aber es gelang nicht, ein allgemeines Einverständniß darüber zu erzielen, welches die rechte und welches die falsche Lehre sei. Die eine Partei war ebenso fest davon durchdrungen, daß Luthers Lehre die rechte Lehre sei, wie die andere glaubte, daß Zwingli bezw. Calvin sie an den Tag gebracht habe. Dieser Widerspruch hatte zur Folge, daß schon damals innerhalb der protestantischen Parteien viele Personen existirten, welche sich gegen die Bindung des Heilserwerbs an bestimmte kirchlich vorgeschriebene Dogmen und Gebräuche erklärten, ohne jedoch durch ihren vereinzelten Widerspruch die praktische Geltendmachung des entgegengesetzten Grundsatzes hindern zu können.

Die reine Lehre ist für die Anhänger der Reformationskirchen in den heiligen Büchern des Alten und Neuen Testaments
festgestellt. Die maßgebende Auslegung der letzteren liegt in den
Beschlüssen der ökumenischen Concilien der sieben ersten Jahrhunderte, sowie ferner in den Symbolen und Bekenntnißschriften
jeder einzelnen Confession. Die Schriften der Reformatoren dienen
als ergänzende Quellen an solchen Stellen, wo Zweifel möglich sind.
So sehr nun aber auch alle diese Quellen in thatsäch-
lichem Ansehen stehen, so haben doch die deutschen Reformatoren stets selbst hervorgehoben, daß ihre Theologie ihre beste
Stütze in den Schriften des Apostels Paulus finde. Aus
diesen Schriften entnahmen Luther und viele seiner Nachfolger
die überaus folgenreiche Idee, daß das Evangelium Christi ausschließlich die frohe Botschaft von der stellvertretenden Genug-
thuung und sündenvergebenden Gnade sei, eine Anschauung,
welche die wichtige Thatsache, daß die Lehre Jesu zugleich auch
eine Mahnung zur sittlichen Erneuerung und Selbst-
entäußerung ist, zeitweilig ganz oder fast ganz in den Hintergrund
drängte. Ebenso waren es die Briefe des Paulus, durch die von den
deutschen und schweizerischen Reformatoren der wichtige Satz seine
vornehmste Bewährung empfing, daß der Mensch zum Thun des
Guten aus eigener Kraft unfähig sei, ja daß es nicht einmal in
seiner Macht stehe, die bösen Wege selbstständig einzuschlagen. Die
Menschen sind nach dieser Lehre völlig unfrei und, wie Luther
sagte, „wie ein Lehmkloß in der Hand des Töpfers" oder (nach
2. Tim. 2) „des Teufels Gefangene". Denn auch die bösen
Wege regiert Gott in den Gottlosen.

Dies waren die Lehren, welche in der Zeit, wo die rechtliche
Anerkennung der noch heute gültigen Bekenntnißschriften erfolgte
(1530), zu den Grundlagen der neuerrichteten Landeskirchen ge-
hörten.

Die dritte Form des Christenthums wird gekennzeichnet durch die Grundsätze, welche die Eigenthümlichkeit der **altchristlichen Gemeinden** bilden.

Der Schwerpunkt dieser dritten Grundgestalt christlichen Wesens liegt nicht im Priesterthum oder der Hierarchie, auch nicht in den äußeren Gnadenmitteln (der reinen Lehre und den Sakramenten), sondern in der **christlichen Gemeinde**.

Nach der Ueberzeugung dieser ältesten Christen hat Christus nicht nur selbst eine Gemeinde gestiftet, sondern auch in Bezug auf die Gemeindeverfassung bindende Vorschriften gegeben. Die Befolgung dieser Gebote und die Beobachtung der apostolischen Gemeindeordnung gehört zum Wesen der rechten Gemeinde.

Nachdem Christus sich selbst zum Opfer dargebracht hatte, war der Zweck, den Juden und Heiden durch den Opferkultus erstrebten, nämlich die Versöhnung Gottes und die Herstellung der Vermittlung zwischen ihm und den Menschen, ein für alle Mal erreicht. Damit war der alttestamentliche Opferdienst und das daran geknüpfte Priesterthum beseitigt und an seine Stelle gemäß Christi Weisung das allgemeine Priesterthum aller Gläubigen getreten. Dieses allgemeine Priesterthum schloß jedes menschliche Mittleramt aus und berief die Gemeinde bei Bestellung der Aemter und Uebung der Zucht zu wesentlicher Mitwirkung.

Seitdem die „Lehre der zwölf Apostel" (die vor ihrer Zurückdrängung durch die neue Weltkirche als „heilige Schrift" gegolten hat) wieder aufgefunden worden ist, wissen wir, daß die durch Paulus übermittelten Befehle Christi in Sachen der Gemeindeordnung*) auch noch von den Christen des zweiten Jahrhunderts als verbindliches Gesetz betrachtet wurden. Seitdem können wir

---

*) Ephef. 4, 11—12: „Und er (Christus) hat Etliche zu Aposteln gesetzt, Etliche aber zu Propheten, Etliche zu Evangelisten, Etliche zu Hirten und Lehrern, daß die Heiligen zugerichtet werden zum Werk des Amts, dadurch der Leib Christi erbauet werde." Vergl. 1. Cor. 12, 28.

das Wesen jener Aemter uns auch klar zur Anschauung bringen und sind nicht der Gefahr ausgesetzt, mit den Worten „Apostel", „Propheten" u. s. w. unklare oder phantastische Vorstellungen zu verbinden.

Betrachtet man die Gesammtheit der hier in Betracht kommenden Schriftstellen und vergleicht man sie mit dem Gebrauch der altchristlichen Gemeinden, wie er in der „Apostellehre" erscheint, so tritt die Einzelgemeinde einschließlich derer, die sie als Prediger, Vorsteher und Diakonen leiten (aber nicht regieren) in großer Selbstständigkeit uns entgegen. Sie ist vor Allem die Inhaberin der Schlüsselgewalt und besitzt volle Selbstständigkeit in allen finanziellen Fragen. Doch ward durch die Lebenslänglichkeit der Lehrämter und durch die Mitwirkung von Vertretern der Gesammtgemeinde, wie sie sowohl bei Uebung der Binde- und Lösegewalt wie bei den Gemeindewahlen einzutreten pflegte, demokratischer Willkür vorgebeugt.

Die Gesammtgemeinde besaß ihre vornehmste Vertretung in jenen Sendboten, die durch das Kollegium der Apostel mittelst Zuwahl und Handauflegung stets von Neuem eingesetzt wurden, und die sich (wie die Apostellehre und andere altchristliche Quellen beweisen) bis weit über das erste Jahrhundert hinaus in der Christenheit erhalten haben. Es ist hier nicht unsere Aufgabe, auf die Charakteristik dieses Amtes und seiner Pflichten näher einzugehen; wir wollen nur feststellen, daß das Gemeindeprinzip und das Apostolat die vornehmsten Grundlagen der altchristlichen Gemeindeordnung gebildet haben, und daß eben diese apostolische Verfassung das äußere Merkmal der „rechten Gemeinde" bildete.

Die christliche Gemeinde ist nach altchristlicher Auffassung keine Rechtsgemeinschaft, sondern ein freiwilliger Bund von Brüdern, welche ihren Willen kundgegeben haben, fernerhin im Glauben und Gehorsam ihres Heilandes und Erlösers zu leben und zu wandeln. Sie beruht ihrem Wesen nach auf dem Grundsatz der Freiheit und der Freiwilligkeit.

Daher kennt diese Gemeinschaft unter ihren Gliedern keine unmündigen oder unselbständigen Personen. Noch weniger kennt sie solche Mitglieder, welche durch Zwang ihr angehören. Sie verwirft jeglichen Zwang in Sachen des christlichen Glaubens, und die Gewissensfreiheit ist ihr vornehmstes Prinzip. Die einzige Strafgewalt, die sie in ihren Gemeinden kennt, ist die Ausschließung oder der Bann, den sie auf Grund von Christi Anweisungen gebraucht und handhabt.

In Bezug auf die Stellung der Gemeinde zur Staatsgewalt hatte Christus seinen Jüngern kein fertiges System von Grundsätzen gegeben. Das einzige, was er ihnen befohlen hatte, war die Achtung vor der bestehenden Herrschaftsform. Durch sein eigenes Beispiel hatte er sie gelehrt, dem Kaiser zu geben, was des Kaisers ist; auch hatte er für sich und Petrus die jüdische Tempelsteuer entrichtet (Matth. 17, 26 ff.), „damit die Fremden sich nicht ärgern".

Diesem Beispiel hatten die Apostel und ihre Nachfolger nachgelebt; sie waren gehorsam den Gesetzen, die ihre Gewissensüberzeugung ungekränkt ließen; sie mahnten zum Gebet für die Herrscher und machten von den Staatseinrichtungen im Interesse der Gemeinden und ihrer eigenen Person Gebrauch (Act. 16. 37; 22, 25; 25, 11). Sie verlangten von dem Staat, dessen stille und arbeitsame Glieder sie waren, weiter nichts als Duldung; sie wollten ihn nicht beherrschen, aber auch nicht seine dienstbaren Werkzeuge sein.

Für die altchristlichen Gemeinden war der Glaube festgestellt durch die prophetischen Bücher des Alten Testaments und durch die Worte, das Vorbild und das Leben Jesu Christi, wie sie im Neuen Testament vorliegen. Mit voller Klarheit tritt in vielen Schriften der apostolischen Väter, die wir aus der Zeit bis zum Jahr 150 besitzen, die Thatsache hervor, daß es bis dahin neben den Schriften der Propheten keinen anderen Kanon gab, als die Herrenworte.*) Justin der Märtyrer († c. 165) kennt noch keinen Kanon apostolischer Schriften, nicht einmal einen Evangelien-Kanon, geschweige denn eine heilige Sammlung neutestamentlicher Briefe; unsere vier Evangelien, die auch Justin schon kennt, gebrauchte er als geschichtliche Urkunden, nicht als inspirirte Schriften.

Nun hatte Jesus das Reich Gottes als den vornehmsten Inhalt seiner Botschaft bezeichnet (Matth. 10, 7), und das Trachten nach demselben stand obenan unter den Aufgaben seiner Jünger (Matth. 6, 10. 33).

Dadurch war ihre ganze Energie auf die Gestaltung des sittlichen Lebens und die Erfüllung des Gebotes gerichtet, welches Christus ihnen in dem Befehl der Nachfolge hinterlassen hatte.

Sie hafteten nicht an irgend einem bestimmten Lehrsystem oder einem Symbol; von Theologie oder theologischer Gelehrsamkeit kannten sie wenig; ja, so wenig banden sie auch das Heil an ceremonielle Formen, daß sie auch nach der Aufrichtung einer eigenen Gemeinde noch immer die jüdischen Religionsvorschriften befolgten. Hatten die Jünger doch von Jesus selbst gelernt, das Gesetz als Rechtsordnung zu beobachten; Christus hatte die kirchliche Gemeinschaft seines Volkes nicht verlassen, noch den Austritt aus derselben zur Heilsbedingung gemacht.

Es wäre für den Einzelnen unmöglich gewesen, den schweren Pflichten des Christen auch nur einigermaßen Genüge zu thun, wenn nicht die Bildung einer festgeschlossenen Gemeinschaft und

---

*) Näheres über die Herrenworte und den Kanon siehe bei B. Weiß, Lehrbuch der Einleitung in das Neue Testament. 1886, S. 24 ff. — Nach Justin (Apol. I, 23) sind die Christen μαθόντες παρὰ τοῦ Χριστοῦ καὶ τῶν προελθόντων αὐτοῦ προφητῶν.

die innere Befriedigung, die aus wahrer Brüderlichkeit erwuchs, die Erfüllung derselben erleichtert hätten.

Nach der Ueberzeugung dieser ältesten Christen war Jeder, der die Befehle Christi mit Gottes Hülfe zu erfüllen strebte, vor den Augen Gottes an innerem Werth dem Anderen gleich. Diejenigen, die vor der Welt Sklaven oder Freie, Vornehme oder Geringe, Römer oder Juden waren, waren innerhalb der Gemeinden weder das Eine noch das Andere, sie waren Christen, und als solche untereinander Brüder und Schwestern, gleich an Rechten wie an Pflichten, soweit nicht die Wahlen der Gemeinde den Einzelnen eine besondere Vertrauensstellung anwiesen.

Die opferbereite Unterstützung der Armen durch die Besitzenden — denn in diesem und keinem anderen Sinne sind die Nachrichten der Apostelgeschichte über angebliche Gemeinschaft der Güter zu verstehen —, sucht der Brüderlichkeit und Gleichheit vor Gott auch nach der äußeren Seite hin Ausdruck zu geben. In Noth und Kummer, in Sorge und Angst des Lebens stehen Alle für Einen und Einer für Alle. So streng, fest und innig waren die Pflichten wie die Rechte dieses Bundes, daß alle natürlichen Lebensbande, alle Verwandtschaft und Freundschaft überall dort zurücktraten, wo deren Pflichten mit der Pflicht des Christen in Widerspruch geriethen. Christus selbst hatte in seinem Verhalten hierfür das Vorbild gegeben.

Der Geist der duldsamen Liebe, der Friedfertigkeit und Stille, den Jesus gelehrt und gefordert hatte, war der Gefahr ausgesetzt, in Schwachheit aufzugehen, wenn die sittliche Kraft nicht durch entsprechende Pflichten gestärkt ward. Die Nachfolge Jesu und das durch sie zu erstrebende Gottesreich war und blieb das höchste Gut. Jeder Preis mußte dafür gezahlt werden, und wenn selbst Glück, Hoffnung, Heimath, Eigenthum und Vermögen, unbescholtener Name und zuletzt Blut und Leben dafür hingegeben werden mußte. Nicht als ob der freiwillige Verzicht auf diese Güter als ein

2

besonderer Grad der Heiligkeit angesehen worden wäre, oder als ob gar in solcher Entsagung ein Weg zur Seligkeit gelegen hätte — dann hätte man ja die verderbliche Lehre von Lohn und Verdienst aufgerichtet und die Grundanschauung von der Gnade zerstört —, vielmehr ward die Entsagung nur dann gefordert, wenn sie um der höchsten Pflichten willen unvermeidlich war.

Christus selbst hatte die Askese weder gelehrt, noch selbst (wie Johannes der Täufer es that) als Asket gelebt. Man weiß ja, daß seine Gegner einst hatten lästern können: „Siehe er ist ein Fresser und Weinsäufer, der Zöllner und Sünder Freund". Vielmehr bestand das Gebot, das er gegeben hatte, in Reinheit der Gesinnung und Einfalt des Herzens und in jener Stimmung des Gemüths, die im Genuß wie im Entbehren, in der Freude wie in der Trübsal, wandellos auf das höchste Gut gerichtet bleibt.

Alles Thun und Lassen dieser Christen ward erleichtert und verklärt durch die Hoffnungen, die in ihnen lebten. Sie waren überzeugt, daß sie durch den Glauben an Christus und durch den Gehorsam gegen seine Gebote erlöst seien von Sünde und Schuld, sie hofften durch die Vergebung, die Christus in Leiden und Sterben für sie errungen hatte, ihr eigenes Leben zu gewinnen und es für ewig zu behalten. Für Alles, was sie im Diesseits opferten, waren sie gewiß durch Christus des überschwenglichsten Ersatzes einst im Jenseits theilhaftig zu werden. Sie waren auf Grund von Jesu Verkündigung tief durchdrungen von dem unschätzbaren Werth, den jede einzelne Menschenseele vor Gott besitzt. So glaubten sie auch und hofften, daß Christus, wie er vorausgesagt, einst wiederkehren werde in sein Reich.

Der Gottesdienst und Kultus dieser ältesten Gemeinden entsprach ihrer einfachen Glaubenslehre. Zwar ward die Vorstellung, daß jeder Gottesdienst ein Opfer sei, beibehalten, aber der jüdische Opferdienst ward unter den Gesichtspunkt des geistigen Opfers gestellt. Man faßte im allgemeinsten Sinne das Opfer als Hingabe des Herzens an Gott. Was darunter im Einzelnen zu verstehen ist, hat Paulus im 12. Kapitel des Römerbriefs auseinandergesetzt. Die allgemeine Mahnung: „Stellet euch nicht der Welt gleich" steht an der Spitze seiner Anweisungen. Ferner zählt er zum Gottesdienst die rechte Erfüllung und Verwaltung der Gemeinde-Aemter, zumal der Aemter der Diakonen, der Vorsteher und Lehrer, und giebt dadurch dem Dienst an der Gemeinde mit klaren Worten eine religiöse Weihe.

Sodann zählt Paulus alle die Pflichten unter die Opfer, welche uns gegen Gott, gegen die Brüder, gegen die Fremden, gegen uns selbst obliegen.

Endlich ward in den Gemeinden auch das Gebet und die bei der Gebetsversammlung dargebrachten Gaben für die Armen als rechter Gottesdienst und rechtes Opfer angesehen. Das Gebet sollte ohne Zwang und Ceremonien stattfinden, aber es sollte begleitet sein von Thaten barmherziger Liebe. Der Gemeindegesang gab den Versammlungen die Weihe.

Der Mittelpunkt des Opfers und des Gottesdienstes war das Herrenmahl. Dasselbe war bestimmt, der Ausdruck der brüderlichen Einheit der Gemeinde zu sein. Man legte Werth auf die Stärkung des Glaubens, die dadurch erreicht ward, aber als Mittel der Sündenvergebung ward das Abendmahl noch nicht gefaßt. Das Grundgesetz war, daß geistliche Güter nur durch die Mittel des Geistes zu erreichen seien.

Die Taufe ward nur nach vorhergegangenem Unterricht auf den Glauben ertheilt, und in der ganzen Epoche bis um das Jahr 150 ist keine einzige sichere Spur der Kindertaufe nachweisbar. Man nannte die Taufe damals wohl auch das Siegel oder die Versiegelung (z. B. im Hirten des Hermas), und diese Bezeichnung bedeutet, daß man in ihr nicht ein Mittel der Sündenvergebung, sondern nur eine Versicherung derselben erkannte. Mithin kannte man die Vorstellung nicht, daß die Seligkeit an die Taufe geknüpft sei.

Zur Ausübung aller dieser gottesdienstlichen Handlungen bedurften die Gemeinden weder Tempel noch Altäre, und so gab es bis um das Jahr 175 wirklich keine Kirchen im heutigen Sinne unter ihnen. Daher findet sich sehr oft das Bild, daß die Seelen der Christen die wahren Tempel seien; denn in den guten Menschen allein wohne Gott, nicht aber in Tempeln von Menschenhänden gemacht.

Die Organisation und Verfassung, welche, wie oben bemerkt, auf Grund der Herrenworte aufgebaut war, erhöhte die Kraft und Festigkeit der Gemeinden. Es war das Eigenthümliche derselben, daß sie nur die Grundlinien gezogen hatte und im Uebrigen volle Freiheit ließ. Ebenso wie in Bezug auf den Glauben und die Lehre nur die großen Grundgesetze festgelegt waren, so war es auch in Bezug auf die Organisation geschehen. Denn dieser Bruderbund, der innerhalb der heidnischen und jüdischen Kirche lebte, sollte nicht durch ein Gebäude von theologischer Gelehrsamkeit und noch weniger durch ein System äußerer Formen die Gewähr seiner Dauer erhalten, sondern sein Gedeihen war und blieb an die Kraft der Persönlichkeit gebunden. Persönlichkeiten von Macht und Eigenart konnten aber nur in der Luft der Freiheit gedeihen, und deshalb war die freie Selbstbestimmung die Vorbedingung für das Wachsthum des Senfkorns, mit dem Christus das Gottesreich verglichen hatte.

Es ist eine bekannte Thatsache, daß das Evangelium zuerst in den Kreisen der Bürger und der Handwerker festen Boden gewonnen hat. Paulus selbst, der große Heiden-Apostel, hat die Botschaft von Christus nicht in dem Gewande eines Geistlichen oder eines wandernden Philosophen, wie die antike Welt sie damals kannte, sondern als ausübender Handwerker von Ort zu Ort getragen. Als Handwerker, in seinem Aeußeren den wandernden Handwerkern gleichend, welche die Straßen des römischen Reichs bevölkerten, unternahm er seinen Eroberungszug durch die gottesarme Welt, und die Kreise der Handwerker und ihre Zünfte und Gilden waren es, die sich ihm zuerst öffneten und in denen er Verständniß fand für die Lehre, die den jüdischen Schriftgelehrten ein Aergerniß und den heidnischen Philosophen eine Thorheit war.

Die griechisch-römische Welt, in welcher das Christenthum sich ausbreitete, war beherrscht von einem großen Zuge auf genossenschaftliche Vereinigung.

Es gab Korporationen aller Art, Begräbnißvereine, Handwerkergilden, Bau-Korporationen, litterarische Vereine u. s. w., und alle diese Verbände waren zugleich Kultvereine, d. h. die Religion bildete das einende Band und die eigentliche Basis dieser Vereinigungen, ja die Vereine dienten vielfach sogar lediglich dem Zweck, um unter dem Mantel irgend einer weltlichen Thätigkeit dem Staat gegenüber für eine bestimmte verbotene oder verfolgte Religion die Existenzberechtigung in anderer Form wieder zu gewinnen.

Sehr viele Menschen waren eben gezwungen, zwei Religionen zu besitzen, eine, zu welcher sie sich bekannten (die Staats-Religion) und eine, welche sie glaubten. So bildete sich das eigenthümliche Verhältniß heraus, daß die Tempel und die von der Staatskirche angestellten Priester die Repräsentanten der einen, die Genossenschaften und Gilden die Repräsentanten der anderen Religion wurden.

Auf diesem Wege kam es dahin, daß in vielen, zumal in den größeren Städten des römischen Reichs, die ersten Christen, die ja ohnedies keine Kirche im Sinne des alten Bundes sein wollten, ihre Gemeinden in der Form von Genossenschaften konstituirten — von Genossenschaften, welche unter der Form des Handwerks oder eines Kollegiums sich zusammenfanden, die aber, sobald man auf den Grund sah, eine förmliche Gemeinde bildeten.*)

So erklärt es sich auch, daß im römischen Reich wider die Christen so oft der Vorwurf auftaucht, daß sie eine „geheime Gesellschaft" bildeten, und daß der Verdacht der Staatsgefährlichkeit aus diesem Umstande neue Nahrung zog. Um den Gesetzen, welche wider die „verbotenen Kollegien" (collegia illicita) erlassen waren, zu entgehen, suchten die Christen die Form erlaubter Kollegien auf. Besaßen sie eine solche, so durften sie auf Grund des Vereinsrechtes Vermögen erwerben, ihre Beamten selbst wählen und allmonatlich einmal öffentlich zusammenkommen, um gemeinsame Angelegenheiten zu erledigen.

Diese Form der Gemeindebildung wurde durch die Auffassung von der Gemeinde ermöglicht, welche noch bis in das Zeitalter Tertullian's hinein geherrscht hat. Diese Auffassung besagte, daß überall dort, wo mindestens drei Christen sind, seien es auch Laien, eine Kirche oder Gemeinde sei, und daß jeder Christ, der von der Gemeinde gewählt war, das Recht zur Predigt besitze. Noch um das Jahr 300 heißt es in den sogen. Apostolischen Konstitutionen: „Wer da lehrt, und sei er auch ein Laie, wenn er nur erfahren ist im Wort und von reinem Lebenswandel, möge nur immer lehren; denn es heißt, wir werden alle von Gott gelehrt sein."

Jene römisch-hellenischen Genossenschaften vereinigten oft verschiedene Stände unter gleichen Rechten und Pflichten. Nur die Kenntniß der heidnischen Mysterien blieb einzelnen Ein-

---

*) Hatch, Die Gesellschafts-Verfassung der christlichen Kirche im Alterthum. Uebersetzt von A. Harnack, Gießen 1883, S. 17 ff.

geweihten vorbehalten. An bestimmten Tagen fanden gemeinsame Mahlzeiten statt, und die Verwaltung der Gesammtheit lag in den Händen derer, die von den Brüdern (denn auch schon hier begegnet der Name Bruder) gewählt worden waren. Man nannte solche Genossenschaften und Kultvereine oft eine Schule (schola), und in ihrem Versammlungshaus fand man das Bild und die Abzeichen der Gottheit, die sie verehrten.

Sobald nun eine solche Gilde oder Brüderschaft oder die Mehrzahl der Mitglieder derselben für das Christenthum gewonnen worden war, verschwanden zwar sofort alle heidnischen Bilder und Zeichen und der Name Christi trat an deren Stelle. Aber im Uebrigen wurden die Liebesmahle (Agapen), die Versammlungen u. s. w. ebenso wie früher gehalten. Die heidnischen Mysterien wurden beseitigt, aber auch unter den Christen jener ersten Jahrhunderte gab es mehrere Stufen, nämlich die Katechumenen, oder diejenigen Christen, welche noch in dem Stadium des Unterrichts sich befanden und die Taufe noch nicht erhalten hatten, und zweitens die Getauften, die eben durch die Taufe Theilnehmer an den h. Handlungen und an dem Gebetskultus geworden waren. Die Katechumenen galten zwar auch als Christen und als Glieder der Gemeinde, aber sie durften nur an dem Predigtkultus, nicht an dem Gebetskultus und der Ausspendung des h. Mahles theilnehmen. Die Berechtigung hierzu konnten sie lediglich durch die Taufe erwerben, die ihnen nur auf ihr ausdrückliches Begehren und oft erst im höchsten Alter ertheilt ward; denn die Taufe gab ihnen nicht nur bestimmte Rechte, sondern sie legte ihnen auch schwere Pflichten auf, die viele erst in reifen Jahren zu erfüllen sich im Stande fühlten.

Als die christliche Kirche im römischen Reich zur Anerkennung gelangte und unter Constantin zur Staatskirche ward, hätten sich die „heimlichen Gemeinden", die unter der Form der „erlaubten Kollegien" existirten, auflösen können. Aber der Gemeindebegriff, auf dem sie beruhten, und alle alten Formen und Anschauungen, die sie bewahrt hatten, standen zu derjenigen Form des Christenthums, welche Constantin als die allein wahre anerkannte, in schroffem Widerspruch.

Daburch geschah es, daß sie sich bald in ein ähnliches Verhältniß zur neuen christlichen Staatskirche gedrängt sahen, in welchem sie ehedem zur heidnischen Staatskirche gestanden hatten. Wo ihre Vertreter an die Oeffentlichkeit traten und sich unter kirchlichen Formen zu organisiren suchten, da stießen sie auf den heftigen Widerstand derjenigen Partei, welche die Herrschaft erlangt hatte. —

Es ist bekannt, daß es im Laufe der späteren Jahrhunderte religiöse Bestrebungen und kirchliche Gemeinschaften an vielen Orten der Christenheit gegeben hat, welche eine nähere Verwandtschaft und einen unmittelbareren Zusammenhang mit den apostolischen Zeiten für sich in Anspruch nahmen, als sie ihn der römischen Kirche zugestehen wollten.

Schon seit dem dritten Jahrhundert begegnet uns ein solcher Anspruch in der sogenannten Kirche der Novatianer, oder, wie sich einzelne unter ihnen, zumal im Orient, lieber nennen ließen, der Gemeinschaft der Katharer, die vom 3. bis 5. Jahrhundert eine ökumenische Verbreitung von Syrien bis nach Spanien besessen hat. Novatian, der wohl ein hervorragender Führer, aber nicht der Stifter dieser Gemeinden war, wird schon von den zeitgenössischen Gegnern als Schismatiker und Häretiker bezeichnet. Kaiser Constantin, der die Gemeinden zeitweilig geschont hatte, stellte sie später auf dieselbe Stufe mit den Ketzern, verbot ihre Gottesdienste, nahm ihnen Kirchen und Eigenthum und befahl, ihre Bücher zu vernichten; auch Kaiser Honorius nahm im Jahre 412 sie mit in das Edikt auf, welches er wider die Sekten erließ, und Theodosius II. folgte diesem Beispiel.

Trotz solcher Verfolgung behaupteten sich diese Gemeinden im Orient bis in das 6. und 7. Jahrhundert, und sie erhoben sogar den Anspruch, die wahrhaft Evangelischen zu sein.*) Und in der That steht es fest, daß sie nicht nur Ansätze zu einem evangelischen Leben nach den Vorschriften der Bergpredigt unter sich besaßen, sondern daß sie auch werthvolle Theile der ältesten Ueberlieferung bewahrt hatten.

Ich will hier die Frage weder untersuchen noch entscheiden, ob diejenigen Katharer (Albigenser), die auch unter dem Namen der Bogomilen (Gottesfreunde) seit dem 7. und 8. Jahrhundert im Orient und Occident erscheinen, sowie ferner jene sogen. Paulicianer, die sich selbst einfach Christen nannten, mit jenen älteren Katharern in irgend einem äußeren Zusammenhang stehen. Gewiß ist nur, daß alle diese Gemeinschaften den Anspruch erhoben, mit den apostolischen Zeiten in einem unmittelbaren geschichtlichen Zusammenhang zu stehen, daß aber die Vertreter der römischen Staatskirche diese Parteien als neue und unerhörte Sekten hinzustellen in allen Jahrhunderten bemüht gewesen sind.

Was von diesen mittelalterlichen Katharern gilt, das trifft genau auch auf viele der späteren sogen. Sekten, vor Allem die sogen. Waldenser oder Tisserands, Gottesfreunde, Pickarden, Spiritualen, Wiedertäufer (und wie die Sekten-Namen alle heißen mögen) zu. Auch sie haben unter sich den Glauben gehegt und fortgepflanzt, daß sie mit den altchristlichen Gemeinden durch eine ununterbrochene Folge von Gemeinden zusammenhängen, und ihre Gegner haben stets behauptet, daß sie nichts Anderes als neue und selbstaufgeworfene Sekten seien.

Diesem Streit gegenüber, der durch die Art der gewaltsamen

---

*) Cypr. epp. 44. Se assertores evangelii et Christi esse confitentur, nach Herzog und Plitt, Realencyclopädie für protest. Theol. Bd. X., S. 666.

Verfolgung, die auf Grund der Theorie des Glaubenszwanges regelmäßig organisirt ward, niemals zum Austrag kam, hat die neuere protestantische Forschung soviel festgestellt, daß alle jene sogen. Sekten in vielen Punkten eine nahe Verwandtschaft mit der Glaubenslehre und den Einrichtungen der ersten christlichen Jahrhunderte zeigen.

Diese Erscheinung erklärt man sich indessen daraus, daß die jeweiligen Stifter der Sekten ihre Kenntniß der alten Zustände aus den in der römischen Kirche fortgepflanzten h. Schriften geschöpft und dasjenige, was sie dort als Eigenthümlichkeit der apostolischen Zeiten kennen gelernt hatten, bei der Gründung ihrer Sekte verwerthet und zur Anwendung gebracht haben. Die dieser Auffassung widersprechende Ueberlieferung der Gemeinden selbst wird zurückgewiesen und als Erfindung bezeichnet.

Nun ist ja allerdings sicher, daß jene Männer, welche die Stifter der Sekten gewesen sein sollen, die Bibel gekannt und hochgeschätzt haben, aber von Schriften, durch die sie die Lehre und Verfassung ihrer Gemeinschaften begründet hätten, wissen wir nichts.

Ueberhaupt fehlt für die Ansicht, daß an der Spitze jener Sekten jedesmal bestimmte Personen als Stifter gestanden haben, jeder Beweis; ja es hat bis jetzt z. B. für die Katharer überhaupt keine solche Person namhaft gemacht werden können. Daher besitzt diese Ansicht der gelehrten Theologen, so bestimmt sie auch in den kirchengeschichtlichen Werken auftritt, einstweilen lediglich den Charakter einer Hypothese.

Nun ist aber doch nicht einzusehen, weshalb man, so lange der erwähnte Beweis fehlt, der Tradition jener Gemeinden jeden Werth abspricht. Gilt es doch sonst in geschichtlichen Fragen als Grundsatz, daß da, wo bestimmte schriftliche Ueberlieferungen fehlen, die mündliche Tradition sorgfältig geprüft werden muß. Gewiß ist bei solcher Prüfung besondere Vorsicht nothwendig und es ist vor Allem festzustellen, ob die Tradition durch alle Jahrhunderte und bei allen Zweigen und in allen Ländern sich in gleicher Weise findet oder nicht. Wenn dies aber der Fall ist — und es ist hier in der That der Fall —, so fällt demjenigen, der die Richtigkeit einer so einstimmigen und gut beglaubigten Ueberlieferung anzweifelt, zunächst die Aufgabe zu, Gründe für deren Unechtheit beizubringen.

Diejenigen, welche innerhalb der alten Gemeinden stehen, haben von jeher gesagt, daß den Gelehrten, welche eine seit Jahrhunderten bestehende Ueberzeugung anfechten, die Last des Beweises zufalle. Dem Satz, daß die „Sekten" es seien, welche die geschichtlichen Urkunden für ihre Ueberlieferungen beibringen müßten, haben sie stets die andere Forderung entgegengestellt, daß man die Unrichtigkeit ihrer Tradition durch geschichtliche Dokumente beweisen solle. Auf diese Forderung ist man ihnen die Antwort schuldig geblieben.

So lange diese Antwort aber fehlt, muß die unparteiische Geschichtschreibung wenigstens die Möglichkeit einräumen, daß eine ununterbrochene Fortpflanzung der alten Gemeinden seit den ersten Jahrhunderten stattgefunden haben kann. Ich stelle mich in dem Streit zwischen den Mitgliedern der Gemeinden und ihren Gegnern einstweilen weder auf die eine noch auf die andere Seite, aber die Möglichkeit dessen, was die Ueberlieferung sagt, halte ich für gegeben, und zwar sind für mich dabei die nachfolgenden Erwägungen von Wichtigkeit.

Es war dem heidnischen Staat trotz der blutigen Christenverfolgungen nicht gelungen, die Existenz der altchristlichen Gemeinden zu untergraben. In den Formen der Brüderschaft hatten die Verfolgten jedesmal Schutz gefunden und in unangreifbarer Gestalt, in tiefstem Geheimniß ihr Gemeindeleben fortgesetzt. Was das römische Reich nicht erreicht hatte, dazu besaß auch die römische Kirche vom vierten Jahrhundert ab trotz des ernsten

Willens keine hinreichenden Mittel; sie war nicht im Stande, die Fortpflanzung der alten Gemeinden, die sich abermals auf weltliche Formen zurückgezogen hatten, wirksam zu verhindern.

Allerdings war für diese Christen Jahrhunderte hindurch dieselbe Zwangslage gegeben, in welcher sie zu heidnischer Zeit gelebt hatten: sie mußten sich in allen äußeren Ceremonien den Formen der Weltkirche unterordnen — eine Existenzweise, die für sie in Gemäßheit ihrer Grundsätze ebenso möglich blieb, wie es den ersten Gemeinden möglich gewesen war, sich am Tempeldienst zu betheiligen.

Es lag indessen gleichwohl in der Natur der Dinge, daß die Brüder den Wunsch hatten, dieses Zwanges ledig zu sein, und daß sie zugleich von dem Verlangen beseelt waren, den Glauben, der sie erfüllte, der ganzen Christenheit zugänglich zu machen.

Sobald sie es indessen wagten, außerhalb ihrer engeren Kreise den alten Christenglauben öffentlich zu bekennen, oder sobald sie den Versuch machten, eigene Gemeinschaften unter kirchlichen Formen zu gründen, entstand der Kampf der herrschenden Kirche wider die Sekten.

Dieser Kampf war auf der Seite der letzteren in der Regel von einzelnen hervorragenden Männern geleitet und getragen. Es war natürlich, daß die Bewegung einigermaßen den Stempel ihres Geistes trug, aber sie selbst waren sich dessen klar bewußt, daß sie nur die Ideen der Brüderschaft vortrugen, welche sie ihnen vermittelt hatte, und daß sie innerhalb einer alten und weit hinaufreichenden Ueberlieferung standen.

Außerhalb der Brüderschaft freilich waren diese Thatsachen gänzlich unbekannt. Die Lehren, welche die Wortführer vortrugen, erschienen den Außenstehenden als ganz neue Dinge und die betreffenden Männer als die „Stifter einer neuen Sekte". Die herrschenden Gewalten hatten, selbst wenn sie den wahren

Sachverhalt erkannten, keine Ursache, die Vorurtheile der Massen abzuschwächen, und der Widerspruch der Brüder ward in der Verfolgung, die regelmäßig ausbrach, erstickt.

Es giebt keinen schlagenderen Beweis für die Thatsache, daß die sogenannten Sekten des Mittelalters regelmäßig in den Zünften der Handwerker ihren vornehmsten Herd und ihre Stütze hatten, als den Umstand, daß weitverbreitete Sektennamen geradezu von bestimmten Gewerken hergenommen sind. So heißen z. B. Jahrhunderte lang jene Christengemeinden, die von den Gegnern Katharer und Waldenser genannt wurden, in dem Munde des Volkes Tisserands, d. h. Weber. Man gab damit zu erkennen, daß die Zünfte der Weber (auch Paulus war ja ein Weber) die Träger der Bewegung waren. Ferner werden dieselben Gemeinden im Volksmunde Patarener genannt, nach den Zünften der Patari oder Tuchmacher, welche in Oberitalien zahlreich vorhanden waren, mithin in denselben Gegenden, die Jahrhunderte lang zu den vornehmsten Sitzen der Ketzer gehört haben. Daß Parteinamen von einem Handwerk hergenommen werden, wie z. B. der Name Masonen (Maurer) ebenfalls von einem Handwerk herrührt, hat doch nur dann einen Sinn, wenn die Partei im Anschluß an die Brüderschaft des Handwerks erwachsen ist.

Es ist kein Zweifel und soll hier durchaus nicht bestritten werden, daß unter diesen Gemeinden nicht bloß in den verschiedenen Jahrhunderten, sondern auch in den gleichen Epochen, je nach den verschiedenen Ländern, in denen sie lebten, und je nach dem vorwaltenden Einfluß bestimmter Wortführer, ein gewisses Maß von Verschiedenheit vorhanden gewesen ist. Die Freiheit und Freiwilligkeit, unter welcher sie lebten, und die geradezu die Lebensluft für sie bildete, brachte die Ausprägung mannigfaltiger Formen und Anschauungen mit sich, und sie mußten es ablehnen, jene Gleichförmigkeit, die nur durch Zwang zu erreichen ist, herbeizuführen.

Daß aber gleichwohl eine sehr große innere Verwandtschaft bestanden hat, beweist schon die Thatsache, daß sie in Bezug auf einen Punkt, der zu den wichtigsten ihres ganzen Systems gehörte, nämlich in Bezug auf die Gemeindeverfassung, einerseits sowohl unter sich, wie andererseits mit den altchristlichen Gemeinden in einer auffallenden Weise übereinstimmen.*)

Daß diese Gemeinden ferner sich selbst im Großen und Ganzen als eine Gemeinschaft fühlten, scheint mir daraus hervorzugehen, daß sie sich sämmtlich mit dem einfachen Namen der **Christen** und **Brüder** bezeichneten. Es lag in der Natur der Dinge, daß dieser Name in den späteren Jahrhunderten von den herrschenden Parteien schon deshalb unmöglich als charakteristische Bezeichnung anerkannt werden konnte, weil in diesem Zugeständniß eine Beeinträchtigung des eigenen Christennamens gelegen hätte. Dies ist der vornehmste Grund, daß für diese Gemeinden unzählige verschiedene Sektennamen auftauchen — ich habe einen Theil bereits genannt —, Sektennamen, die meist ebenso einfache Scheltnamen gewesen und geblieben sind, wie die Namen **Papisten** und **Sakramentirer** u. A. es waren und noch heute sind.

Durch die Unklarheit, welche über die Geschichte dieser Namen bis auf den heutigen Tag herrscht, ist die Geschichte der Parteien selbst vielfach verdunkelt worden. Die Neigung zur

---

*) Ich kann diesen Punkt hier nicht im Einzelnen erörtern, sondern verweise nur auf Keller, „Die Reformation und die älteren Reformparteien", Leipz. 1885, S. 63 ff., und „Die Waldenser" u. s. w., Leipzig 1886, S. 1 ff. — Die merkwürdigste Eigenthümlichkeit ist die Einrichtung des **Apostolats**, welches gemäß den Vorschriften bei Matth. 10 organisirt war. Daß das Apostolat in der Didache als dauernd betrachtet wird, ist bekannt. Daß aber auch der Hirt des Hermas es als ein fortgesetztes Amt ansieht, s. bei Weiß, Lehrb. der Einleitung in das N. Test. Berlin 1886, S. 33.

Sektenriecherei, welche innerhalb vieler orthodoxen Richtungen von jeher vorhanden gewesen ist, bewirkte, daß man ein Chaos von Sekten unter den Gegnern erblickte und mit Vorliebe noch heute unter ihnen erblickt.

Es ist ja ganz richtig, daß die sogenannten Katharer nicht einfach identisch sind mit den sogenannten Waldensern, welche seit dem 12. Jahrhundert in der Geschichte eine Rolle spielen, und daß ferner eben diese Waldenser in mancher Beziehung etwas Anderes darstellen als die sogenannten Täufer, die seit dem 16. Jahrhundert wohl bekannt sind. Aber eine solche einfache Identität ist ja auch, soviel ich weiß, bisher noch von Niemandem behauptet worden. Vielmehr steht es fest, daß durch die Jahrhunderte sich eine Fortbildung und Fortentwickelung hindurchzieht, welche in den Gemeinschaften jener Christengemeinden sehr deutliche Spuren hinterlassen und mancherlei Unterschiede zur Entwickelung und Reife gebracht hat.

Indessen heißt es doch mit unrichtigem Maße messen, wenn man einerseits behauptet, daß sowohl in den Katharern wie in den Waldensern, wie in den Täufern jedesmal eine neue Sekte an das Tageslicht getreten sei, während man andererseits, z. B. den Tertullian, welcher ein Vertheidiger der Spättaufe und der Gewissensfreiheit war, und den Thomas von Aquino, der bekanntlich ganz andere Anschauungen hegte, als Glieder derselben Kirche hinstellt, oder wenn man in den Lutheranern, Zwinglianern, Calvinisten u. s. w. nur verschiedene Abwandlungen und Schattirungen der einen protestantischen Kirche erkennt (wie sie es ja in der That sind), aber gleichzeitig behauptet, daß die Katharer, Waldenser, Anabaptisten u. s. w. eigentlich nur durch eine Art von Geschichtsfälschung in einen inneren oder äußeren Zusammenhang gebracht werden könnten. Ich weiß nicht, ob es noch heute Parteien giebt, die ein Interesse daran haben, hier lauter grundverschiedene „Sekten" zu erkennen; jedenfalls steht aber fest, daß die Zusammenhänge viel enger sind, als die Meisten bis jetzt ahnen.

Wenn das Dunkel, welches über der Geschichte jener Ketzergemeinden des Mittelalters liegt, mehr enthüllt wäre als es thatsächlich ist, so würde man deren überaus nahe Verwandtschaft mit den Ketzern des 16. Jahrhunderts (für die das Volk die alten Sektennamen der Spiritualen, Picarden, Bartmänner u. s. w. beibehielt, während die gelehrten Theologen den neuen Namen der „Wiedertäufer" für sie erfanden) und allen den seit jener Zeit aus dem sogenannten Anabaptismus erwachsenen Parteien schon längst viel deutlicher erkannt haben, als es bis jetzt der Fall gewesen ist.

Die überaus heftige Verfolgung, welche in katholischen wie in protestantischen Ländern über die sogenannten Täufer verhängt worden ist, hat neben anderen nachtheiligen Folgen auch die Wirkung gehabt, daß eine einheitliche, freie und gleichmäßige Entwickelung ihrer Grundsätze unmöglich gemacht wurde. Dadurch geschah es, daß in der Verborgenheit, in die sich die Verfolgten gedrängt sahen, manche Verirrungen reisten, daß sodann aber auch die zuerst einheitliche Bewegung in mancherlei Parteien zerfiel, die je nach dem Land und den vornehmsten Wortführern unter sich verschiedene Besonderheiten ausprägten und ausgestalteten. Eben die Freiheit der Einzelgemeinden, die zu ihren Grundsätzen gehörte, beförderte solche Spaltungen, und ihre Verfolger hatten ein Interesse daran, die Herstellung größerer Verbände zu verhindern.

Man übersieht meist, daß bis in das 18. Jahrhundert hinein diese Männer fast in allen Ländern am öffentlichen Auftreten und am freien Verkehr unter einander verhindert worden sind. Indem man sie so zu heimlicher Vereinigung nöthigte, ging ihnen sowohl die nothwendige Förderung wie die nothwendige Zügelung verloren, welche aus der öffentlichen Bethätigung des christlichen Glaubens erwächst.

Alles dies genügt freilich nicht, um die unglückliche Entwickelung, welche die alten Gemeinden seit der Mitte des 16. Jahrhunderts in Deutschland thatsächlich im Großen und Ganzen genommen haben, hinreichend zu erklären. Man muß, um dieselbe zu verstehen, sich des unheilvollen Ereignisses erinnern, welches die Geschichte dieser Gemeinden tief zerrissen hat, nämlich des sogenannten Münsterschen Aufruhrs. Es ist für mich auf Grund jahrelanger Quellenforschungen nicht zweifelhaft, daß die Männer, welche nach der schweren Niederlage, die sie innerhalb der belagerten Stadt den gemäßigten „Täufern" beigebracht hatten, das sogen. „Königreich Zion" errichteten, mit den früheren Anabaptisten weiter nichts als die Spättaufe gemein gehabt haben. Man hatte seit 1525 auf Grund der Bestimmungen des Alten Testaments so lange mit Feuer und Schwert gegen die „Täufer" gewüthet, bis sich im Jahre 1535 aus den Trümmern der Partei eine Anzahl verzweifelter Fanatiker aussonderte, welche den gegebenen Grundsatz zu dem ihrigen machte und sich entschloß, sich mit denselben Waffen zu wehren, mit denen sie angegriffen wurde. Das geschah in Münster seit der Einführung des neuen „Israel". Und nachdem einmal die vorwiegende Gültigkeit des Alten Testaments wenigstens in einem Punkte festgestellt und dadurch die Grundgedanken der alten Christengemeinden verlassen waren, entstand die Frage, warum man sich nicht auch in anderen Punkten, wie z. B. in der Lehre vom Priesterthum und der Polygamie, darauf stützen dürfe. War nicht im Alten Bunde die Polygamie selbst bei Patriarchen und Königen erlaubt gewesen? Das „Reich Israel" zu Münster und die „Gemeinden Christi" haben mit einander so wenig gemein, wie Judenthum und Christenthum, wonach sie sich beide sehr treffend genannt haben.

Wie dem aber auch sein mag, so steht doch fest, daß dies Ereigniß das ganze Deutsche Reich, ja ganz Mitteleuropa in Mitleidenschaft zog und in Aufregung versetzte und sich in seinem

Resultat zu einer ungeheuren Niederlage der alten Gemeinden gestaltete.

Von da an war das weltumfassende Streben und der Schwung des Geistes, der von 1525—1535 in der Bewegung zu Tage tritt, gelähmt und, was schlimmer war, die übriggebliebenen Kräfte suchten gleichsam eine Ableitung in Anordnungen und Bestimmungen äußerer Lebensverhältnisse und in inneren Streitigkeiten über Lehre und Gemeindezucht. Jahrhunderte hindurch lasteten die Münsterschen Ereignisse wie ein Fluch auf diesen Gemeinden und boten eine willkommene Handhabe für ihre Gegner, die Reaktion der Regierungen wider diese gefährlichen „Sektirer" und „Sozialisten" bei jedem Regungsversuch wach zu rufen.

In alle Geschichtsbücher der Vergangenheit wie der Gegenwart schlich sich die falsche Behauptung ein, daß die Katastrophe des Münsterschen Königreichs den eigentlichen „Höhe- und Gipfelpunkt" des sogen. Anabaptismus bilde. Es war und ist ein ganz feststehendes Schema, in welches in vielen Werken die Geschichte der Taufgesinnten eingeschachtelt zu werden pflegt: Abschnitt 1 enthält die Geschichte der Zwickauer „Wiedertäufer" und Thomas Münzers, die in Wahrheit gar keine Wiedertäufer waren. Abschnitt 2 schildert die „wiedertäuferischen Ausartungen in der Schweiz", und Abschnitt 3 stellt die „Münsterschen Wiedertäufer" als die folgerichtige Entwickelung des Anabaptismus hin. In Abschnitt 4 wird dann geschildert, wie nach den trüben Erfahrungen in Münster die Wiedertäufer stille und friedfertige Leute geworden seien und nach Menno Simons den Namen Mennoniten angenommen hätten.

Diese Darstellung ist gänzlich falsch. Denn, von allem Anderen abgesehen, übersieht sie die überaus wichtige Thatsache, daß die Grundgedanken des sogen. Anabaptismns, d. h. die Grundgedanken der altchristlichen Gemeinden, sich während des 16., 17., 18. und 19. Jahrhunderts in einer Reihe sehr einflußreicher Gemein=

schaften in direkter Abstammung fortgepflanzt und bis auf den heutigen Tag erhalten haben.

Diese Gemeinschaften sind zwar untereinander in gewissen Dingen verschieden, auch werden sie von ihren Gegnern sehr verschieden benannt, aber in den Grundgedanken sind sie identisch und haben das Gefühl der Verwandtschaft unter sich nie völlig verloren, wie sie sich denn meistens noch heute mit Vorliebe einfach als „Gemeinden Christi" und „Brüder" bezeichnen.

Zunächst wurde vom letzten Drittel des 16. Jahrhunderts Holland die Freistätte, wo die in Deutschland verfolgten Richtungen unter dem Schutze des Hauses Nassau-Oranien ihre Weiterbildung fanden. Der Geist des sogen. Anabaptismus, zumal die Lehre von der Gewissensfreiheit, wie er sie predigte, durchdrang seit 1600 das ganze holländische Staatswesen, alle Schichten der Gesellschaft und der Bevölkerung. Dasselbe Land, welches im 17. Jahrhundert lange Jahre hindurch das Bollwerk des Protestantismus bildete, war von täuferischen Anschauungen durch und durch erfüllt. Denn außer den eigentlichen Taufgesinnten, deren Zahl sehr groß war, pflanzte sich diese Bewegung in abgeschwächter Form auch im Arminianismus fort, und die sogen. Familisten, Brownisten, Collegianten u. A. waren ebenfalls nur Spielarten des Anabaptismus.

Von Holland aus hatten die gleichen Grundsätze schon frühzeitig den Uebergang nach England gewonnen. Wer sich von der Bedeutung, welche diese Ideen dort während der zweiten englischen Reformation im 17. und im Anfang des 18. Jahrhunderts erlangt haben, ein Urtheil bilden will, den verweise ich auf das Buch, welches Herm. Weingarten (Die englischen Revolutionskirchen, Leipzig 1868) darüber verfaßt hat. Die Independenten, Puritaner, Quäker u. s. w. sind nichts Anderes als verschiedene Zweige des alten Stammes. „Der Puritanismus", sagt Weingarten, „ist es gewesen, welcher die Reformation in die Herzen eingeführt und sie aus einem Staats-Kirchenthum in ein Gemeinde-Christenthum umgewandelt hat. Daß in England und Amerika christliche Frömmigkeit eine nationale Macht geworden und geblieben, ist die Frucht der von ihm geführten Geistes- und Glaubenskämpfe."

Eine der folgenreichsten Thaten dieser Puritaner ist es gewesen, daß sie es waren, welche das Gebiet der heutigen Union für die englische Race und für den Protestantismus erobert haben. Im Jahre 1620 zogen die sogen. Pilgerväter — es waren englische Brownisten, die im Jahre 1608 unter Robinsons und Brewsters Führung in Holland eine Zuflucht gesucht hatten — von Delft aus über den Ocean und gründeten unter unsäglichen Schwierigkeiten New-Plymouth in Massachusetts, d. h. eben die Ansiedelung, aus welcher die sieben Neu-England-Staaten, der ursprüngliche Kern der Vereinigten Staaten, erwachsen sind. Schon nach fünfundzwanzig Jahren bildeten die Nachkommen dieser Puritaner in Amerika eine Gemeinschaft, die den benachbarten Niederlassungen der Franzosen und Holländer überlegen war, und damit war eine entscheidende That der neueren Geschichte vollzogen. Hier fanden die alten Ideale des sogen. Anabaptismus zuerst freien Raum, um sich zu gestalten; freilich geschah dies auch hier nicht ohne schwere äußere und innere Kämpfe und unter mancher Verfehlung des Zieles.

Solchen Erfolgen gegenüber kommt es doch, vom allgemein geschichtlichen Standpunkt aus betrachtet, weniger in Betracht, daß diese Richtungen in Deutschland nach den großen Anstrengungen der Verfolgungsperiode und nach der Münsterschen Niederlage eine bemerkbare Erschlaffung zeigen.

Zwar bestanden die alten Täufergemeinden in großer Zahl fort, und der geistige Einfluß von Männern, wie Caspar von Schwenkfeld und seiner Gemeinden, sowie Sebastian Francks, die Bullinger ganz richtig mit zu den „Wiedertäufern" zählt, war auch unter denen sehr groß, die sich äußerlich irgend einem der herrschenden Bekenntnisse anbequemt und unterworfen hatten. Besonders gab es unter den Reformirten (sowohl unter Geistlichen wie Laien) sehr viele Personen, die nur dem Namen nach sich zu Zwingli oder Calvin bekannten. Wir hören nicht viel von diesen Männern, weil sie es liebten, nicht viel von sich reden zu machen. Sie waren die Stillen im Lande. Aber es konnte nicht fehlen, daß sie sich allmählich Sympathien erwarben: ihr ernstes Streben nach einer innigen Geistes- und Herzensreligion, ihr furchtloses Eintreten gegen den Weltsinn, ihre warme Ueberzeugung, daß in und durch den Gehorsam und Glauben an ihren Herrn und Meister Jesus Christus den Menschen eine Kraft gegeben wird, die nicht nur tröstet und stärkt, sondern auch entsündigt und heiligt — alles dies trug dazu bei, ihnen viele Freunde zuzuführen. Der Einfluß der deutschen Gemeinden wurde durch die Einwirkung der holländisch-englischen Gesinnungsgenossen, die fortwährend stattfand, erheblich gestärkt. Es stellte sich namentlich alsbald eine nahe Beziehung zwischen Quäkern und Mennoniten heraus.

Es ist wahr, daß der Ernst und die puritanische Strenge, die sie fortwährend übten, ihnen auch viele Gegner machten; aber die Tieferblickenden erkannten doch, daß die Entsagung, die sich diese Männer durch ihren Verzicht auf die Theilnahme an öffentlichen Belustigungen aufzuerlegen schienen, reichlich ersetzt ward durch die edlere Geselligkeit, die sie im Kreise der Brüder und Schwestern zu pflegen gewohnt waren, daß die Opfer, die sie anscheinend durch grundsätzliche Einfachheit und Schlichtheit in Kleidung und Schmuck brachten, ersetzt wurden durch Gediegenheit, Ordnung, Reinlichkeit und Behaglichkeit des Hauses und der häuslichen Einrichtung, durch die sie sich stets auszeichneten, daß endlich der Verzicht auf das Lesen von Romanen, Novellen und Liebesgeschichten aller Art auch den Frauen Muße zu Beschäftigungen verschaffte, die den Segen und den Reiz des Familienlebens erhöhten. Alle besseren Elemente sahen und empfanden, daß die ganze geistige Atmosphäre, in welcher diese Männer, die man immer noch Sektirer schalt, lebten, etwas ungemein Wohlthuendes und Friedliches an sich trug. Einfachheit und Wahrhaftigkeit war der Grundgedanke ihres Lebens wie ihrer Lehre.

Trotz Allem lebten diese Richtungen in allen deutschen Staaten fortdauernd unter dem Druck von Strafgesetzen, die jede Ausbreitung ihrer Gedanken und jede öffentliche Bethätigung verhinderten. Infolge dessen begegnet uns hier zuerst die Erscheinung, daß die „heimlichen Gemeinden" sich in manchen Orten in „heimliche Gesellschaften" unter weltlichen Formen zurückzogen, Gesellschaften, deren Geschichte (wie z. B. diejenige der Rosenkreuzer) noch der näheren Aufklärung harrt.

Es war unzweifelhaft ein schwerer Nachtheil für diese Ideen wie für ihre Träger, daß man sie in die Nothlage versetzte, sich auf weltliche Formen zurückziehen und im Geheimen fortpflanzen zu müssen.

Aber den schwersten Nachtheil hat sich durch die Unterdrückung, die seit 1525 bis ins achtzehnte Jahrhundert andauerte, doch der deutsche Protestantismus selbst zugefügt. Denn seit dem Jahre 1550 war zwar im Ganzen und Großen die Einheit der Landeskirchen hergestellt, aber mit der Gleichförmigkeit zog auch eine Erstarrung ein, die wie ein Mehlthau auf dem geistigen und geistlichen Leben lastete und zum Theil ja noch heute lastet. Die Anregung, welche die englische Hochkirche aus der freieren Entwickelung der sogenannten täuferischen Ideen gewonnen hat, ging den deutschen Landeskirchen verloren.

In welchem Umfang diese Ideen innerhalb der herrschenden Konfessionen als Sauerteig zu wirken im Stande sind, zeigte sich sofort, als durch Spener und sein Nachfolger wenigstens einzelne Grundgedanken aufgegriffen und zur Geltung gebracht wurden.

Der Versuch, dieselben in der Form von Konventikeln innerhalb der Landeskirchen zur Anerkennung zu bringen, hat trotz der vielfachen Nachtheile, die diesem Wege anhaften (sie sind fast größer als die Annahme weltlicher Formen), für die Entwicklung des geistlichen Lebens innerhalb der protestantischen Kirche unzweifelhaft heilsame Folgen gehabt. Wie wirksam hätte es sein müssen, wenn es möglich gewesen wäre, nicht bloß einem Bruchstück des alten Systems, sondern der ganzen Lehre wenigstens zur Duldung zu verhelfen. Als die Duldung später wirklich eintrat, waren unter der Herrschaft des Rationalismus alle kräftigen Triebe bereits abgestorben.

Die innere Verwandtschaft, welche alle aus dem Anabaptismus erwachsenen Parteien untereinander verbindet, und die sie als Ganzes wiederum mit den sogenannten Ketzern der älteren und ältesten Zeiten verknüpft, ist längst anerkannt worden, und das Bedürfniß nach einem gemeinsamen Namen hat sich längst fühlbar gemacht.

So nennt Albrecht Ritschl die Grundgedanken dieser Parteien in seinen wissenschaftlichen Werken zusammenfassend „das wiedertäuferische Lebensideal", welches angeblich „die Linie des mittelalterlichen bezw. katholischen Lebensideals niemals überschritten hat". Hermann Weingarten meint indessen sehr richtig, daß der Name der „wiedertäuferischen Bewegung" wenig zutreffend sei, und hat daher vorgeschlagen, die hier in Betracht kommende Theologie als die des Enthusiasmus und deren Anhänger als Enthusiasten zu bezeichnen.*)

Beide Männer haben schwerlich übersehen, daß in den gelehrten Werken schon längst ein gemeinsamer Name für diese Richtungen in Uebung ist, er lautet Mystik. Die Waldenser,

---

*) H. Weingarten, Die Revolutionskirchen Englands. Leipzig 1868, Seite 2.

Wiedertäufer, Puritaner, Quäker, Mennoniten sind sämmtlich — so lehren uns die kirchengeschichtlichen Autoren — Mystiker, und ihre Theologie ist die der Mystik. Ich will nicht darüber streiten, ob die Bezeichnung historisch berechtigt ist oder nicht; zutreffend und klar ist sie jedenfalls nicht. Denn der Schwerpunkt dieser Richtungen liegt überhaupt nicht in der Theologie oder in einem Lehrsystem, weder in dem mystischen noch in dem scholastischen, sondern er liegt im Leben, vor Allem im christlichen Gemeindeleben, und deshalb ist im Grunde kein Name passender für sie als der, den sie sich seit Jahrhunderten selbst gegeben haben, nämlich der einfache Name der Gemeinden Christi.

In diesem Namen kommt zugleich der Widerwille gegen Parteinamen, der von jeher ein Kennzeichen dieser Richtungen gewesen ist, zum deutlichen Ausdruck. Sie waren der Ansicht, daß solche Parteinamen den Gesichtskreis leicht verengen und zu sektirerischem Wesen verleiten. Vor Allem bezeugen gerade die Täufer des sechzehnten Jahrhunderts solchen Männern gegenüber, die sich nach den Stiftern ihrer Kirchen Lutheraner, Calvinisten u. s. w. nannten, daß sie sich nicht nach irgend einem sterblichen Menschen nennen wollten, denn sie seien (wie Balthasar Hubmeier einmal sagte) weder zwinglisch noch lutherisch, sondern „christisch".

Wenn man ihnen aber auch diesen Namen der „Gemeinden Christi" nicht zugestehen zu können glaubt, so haben sie doch jedenfalls immerhin das Recht, welches allen anderen Konfessionen und Kirchen auch von den Gegnern zugestanden zu werden pflegt, nämlich das Recht, daß sie mit dem Namen genannt werden, mit welchem sie sich selber nennen, wenn dieser Name Niemandes Rechtsansprüche beeinträchtigt.

Nun finde ich, daß seit vielen Jahrhunderten gerade diese Gemeinden, welche in den Grundsätzen der altchristlichen Zeit zu bleiben bestrebt waren, neben den Namen Christen oder Ge=

meinden Christi und Brüder sich nach dem Evangelium Christi, in dem sie ihr Panier erkannten, nennen wollten.

Von den Katharern des dritten bis sechsten Jahrhunderts habe ich oben erwähnt, daß sie den Anspruch erhoben, die wahrhaft Evangelischen zu sein. Von den „Waldensern" des vierzehnten Jahrhunderts ist ausdrücklich überliefert, daß sie die römische Kirche deshalb nicht für die rechte Kirche ansehen zu können erklärten, weil sie nicht an der evangelischen Lehre festgehalten habe.*) Diejenigen Ketzer, welche im sechzehnten Jahrhundert zuerst in der Schweiz unter dem Namen Spiritualen an das Licht traten (es sind dieselben Männer, die einige Jahre später den Scheltnamen Wiedertäufer erhielten), pflegten, wie uns bestimmt überliefert ist, den Namen Evangelische unter sich mit Betonung zu gebrauchen.

Eben in der Schweiz ward dann seit der Mitte des sechzehnten Jahrhunderts unter den sogenannten Täufern der Name Evangelische beibehalten nur mit der kleinen Aenderung, daß die Gemeinden sich dort im Unterschied von den evangelischen Staatskirchen altevangelische Gemeinden nannten. Und dieser Name findet sich dort noch bis auf den heutigen Tag. Als ich bei meinen Forschungen diesen Namen vorfand, sagte ich mir, daß derselbe zur Bezeichnung derjenigen Gemeinden, auf die er angewandt ward, historisch berechtigt und zutreffend sei, und indem ich ihn nach dem Vorbild der Schweizer Gemeinden in Gebrauch nahm, zeigte es sich, daß er überall bei denen, die den alten Gemeinden nahe standen, lebhaften Wiederklang und Beifall fand.

Wenn man sich das Wesen dieser altevangelischen Gemeinden vergegenwärtigen will, so muß man daran festhalten, daß der Schwerpunkt ihres Denkens und Thuns, wie oben bemerkt, im Gemeindeleben liegt.

---

*) Keller, Die Waldenser. Leipzig 1886, Seite 8.

Nicht an der rechten Lehre erkannten sie das Merkmal der rechten Kirche, sondern an der rechten Liebe; denn Christus hatte gesagt: „daran wird Jedermann erkennen, daß ihr meine Jünger seid, so ihr Liebe untereinander habt". Sie forderten mithin Brüderlichkeit und Gleichheit und als rechte Frucht der Nächstenliebe die Sorge für die Armen unter den Brüdern.

Doch gab es auch für sie äußere Kennzeichen der rechten Gemeinde. Sie suchten dieselbe aber nicht in den Sakramenten oder Gnadenmitteln (die Quäker und Schwenkfelder hatten diese sogar ganz beseitigt), sondern in der Beobachtung der apostolischen Gemeinde-Verfassung.

Es war ein geradezu grundlegendes Gewicht, welches sie dieser Verfassung beilegten. Zwang sie schon die prinzipielle Anknüpfung an die altchristlichen Zeiten, die in allen Schattirungen dieser Gemeinden gleich stark hervortritt, auch in diesem Punkt dem Vorbilde jener Folge zu geben, so war für sie die weitere Thatsache ausschlaggebend, daß sie in den heiligen Schriften die wichtigsten Bestimmungen der Ordnung durch Herrngebot festgelegt fanden. Daß das Neue Testament gerade an den Stellen, an welchen von der Gemeindeordnung die Rede ist, eine abgethane alte Urkunde sei, wollten und konnten sie nicht glauben noch einsehen; vielmehr hielten sie streng daran fest, daß Niemand berechtigt sei, die heiligen Bücher durch praktische Außerachtlassung so wichtiger Theile zu verstümmeln. Wenn ihre Gegner sagten, daß die bezüglichen Anordnungen Christi und der Apostel auf die fortgeschrittene Entwickelung der Zeit nicht mehr paßten, so ließ sich doch kaum bestreiten, daß mit demselben Einwand auch andere Lehren der heiligen Bücher bei Seite geschoben werden konnten.

Ihre meisten protestantischen Gegner hegten die Ueberzeugung, daß auch eine vom Staat beherrschte Kirche dem Willen Christi gemäß sei, wenn sie nur die reine Lehre und die rechten Sakramente besitze. Dieser Anschauung setzten sie mit Nachdruck die andere

Ueberzeugung entgegen, daß die von Christus gewollte Kirche oder Gemeinde eine freie sein müsse; eine dem Staate untergebene Anstalt widersprach nach ihrer Ansicht dem Wesen der „rechten Gemeinde", selbst wenn sie in Lehre und Sakramenten den Anspruch erhob, reiner dazustehen als andere. Wenn ihre Gegner auf die Privilegien und Vorrechte verwiesen, die der Kirche durch die reichen Mittel des Staates, dem sie diente, erwuchsen, so wollten sie sich auch dadurch nicht bestimmen lassen, von den Befehlen Christi und dem Vorbild der altchristlichen Gemeinden abzuweichen. Die Wahrheit, sagten sie, braucht kein Privilegium; sie ist stets auf Erden zwar in Knechtsgestalt, aber in Freiheit einhergegangen.

Eben diese Freiheit und Freiwilligkeit war im 16. Jahrhundert wie in alten Zeiten der vornehmste Grundsatz ihres ganzen Lebens. Die Freiheit und Selbstständigkeit der Gesammtgemeinde wie der Einzelgemeinde hielten sie auf das Strengste fest. Einen Stand von Geistlichen, der befiehlt und regiert, und eine Gemeinde, die gehorcht, kannten sie nicht, und nirgends ist der Grundsatz vom allgemeinen Priesterthum folgerichtiger durchgeführt worden als hier. Eine lebendige Wechselwirkung zwischen der Gemeinde und dem Seelsorger hielten sie für durchaus unerläßlich, um die Gemeinde nicht in Gleichgültigkeit und Stumpfheit verfallen zu lassen. Die Gemeinde soll nach der Ueberzeugung dieser Christen der lebendige Zeuge des ererbten Glaubens der Väter sein, sie soll gegen die Versuchungen, denen jeder geistliche Stand nach der Seite hierarchischer Irrthümer hin ausgesetzt ist, ein Gegengewicht bilden.

Daher findet sich unter ihnen von je die Neigung, die Männer, welche die geistlichen Pflichten verwalten, aus der Zahl der Brüder zu wählen und diese Aemter als Ehrenämter zu vergeben. Nur die Beamten der Gesammtgemeinde, also die Apostel (Sendboten) und Bischöfe, die zugleich die Taufe in den

Einzelgemeinden und die Uebung der Kirchenzucht leiteten, waren meistens nicht ausschließlich auf eigene Erwerbsquellen angewiesen, sondern empfingen Besoldung für ihre Dienstleistungen. Man glaube nicht, daß die Organisation bei solchen Auffassungen der Festigkeit ermangelt habe. Ein wesentliches Element der Stärke empfing sie durch den seit alten Zeiten geübten Brauch der Handauflegung. Die rechte Gemeinde wird nämlich vor Allem daran erkannt, daß sie wenigstens einen Aeltesten besitzt, der durch Handauflegung bestätigt worden ist. Bei den Täufern in Oesterreich galt die Handauflegung der Bischöfe, die sich dort noch bis ins 18. Jahrhundert erhalten haben, sogar als eine heilige Handlung. Sie bekundete die Thatsache, daß die Einzelgemeinde mit der Gesammtgemeinde in regelmäßiger Verbindung geblieben war.

Da ist es nun merkwürdig, daß diese Handauflegung in alten Zeiten nur von einem solchen Bischof (so nannte man die Aeltesten der Gesammtgemeinde) vollzogen werden durfte, der innerhalb der apostolischen Succession stand. Daraus erhellt, daß diese Christen nur dort das Vorhandensein der rechten Gemeinde gelten lassen wollten, wo der ununterbrochene Zusammenhang mit der ältesten Gemeinde nachweisbar war. Es sind über diese Idee der apostolischen Succession im 16. Jahrhundert Meinungsverschiedenheiten entstanden. Gewiß ist, daß Ubbo Philipps, der Bruder des Dietrich Philipps, im Jahre 1537 sein Aeltestenamt niederlegte, weil er sich überzeugt hatte, daß Johann Matthys, von dem Philipps die Handauflegung erhalten hatte, nicht innerhalb der apostolischen Folge stand, die er (Philipps) zur segensreichen Ausübung des Amtes für unerläßlich hielt. Viele haben den unglücklichen Verlauf der Geschichte der sogen. „Wiedertäufer" schon in jener Zeit mit der Thatsache in Verbindung gebracht, daß damals eine der wichtigsten Bestimmungen der Gemeindeordnung in willkürlicher Weise durch selbstaufgeworfene Bischöfe, Apostel und Propheten so oft durchbrochen ward. Und in der That liegt, wie ich glaube, dieser Annahme etwas Wahres zu Grunde.

Für alle Richtungen und Parteien, welche aus dem sogen. Anabaptismus erwachsen sind — die unmittelbarsten Nachfolger der alten Täufer und zugleich die treuesten Bewahrer der alten Ueberlieferungen sind heute unzweifelhaft die altevangelischen Taufgesinnten oder Mennoniten —, bildet das Evangelium Jesu Christi, wie es in den heiligen Schriften enthalten ist, durchaus die Grundlage des Glaubens und Lebens. Schon Menno Simons hatte die Lehre der Münsterschen Wiedertäufer unter dem Hinweis darauf für eine Irrlehre erklärt, daß sie „fern sei von Christi Geist, Wort und Vorbild".*) Damit ist die Richtschnur, welche für Menno den Maßstab des rechten Christenthums bildet, ganz klar und deutlich angegeben.

In der That liegt ein eigenthümliches Kennzeichen der altevangelischen Gemeinden darin, daß sie bei aller Verehrung der heiligen Schrift als Ganzen doch immer den Herrenworten, und zumal der Bergpredigt, eine bevorzugte Stelle eingeräumt haben. Dem Alten Testament haben sie, mit Ausnahme der Psalmen und prophetischen Bücher, die von ihren Wortführern (wie z. B. Johann Denck und Ludwig Hätzer) sehr hoch gehalten worden sind, stets nur insoweit Bedeutung beilegen wollen, als seine Lehren mit der Lehre ihres Herrn und Meisters in unzweifelhafter Uebereinstimmung sich befanden. Als ergänzende Quelle der göttlichen Offenbarung betrachteten sie diejenige Auslegung der heiligen Bücher, welche denselben von den ersten christlichen Gemeinden gegeben worden war. Daß die Schriften unseres Kanons die einzigen Offenbarungsurkunden seien, dafür erklärten sie keine Anweisung Christi zu besitzen.

*) Menno's Werke, Ausgabe von 1646 fol. 934 col. 1: „verre van Christi Geest, Woort ende Voorbeelt."

Das Verbot der persönlichen Rache ist in diesen Gemeinden stets mit besonderem Nachdruck als ein wesentlicher Theil der Lehre Christi verkündet worden.

Sie haben sich in ihren Schriften hierfür oft auf das 12. und 13. Kapitel des Römerbriefes berufen, wo Paulus über die Pflichten der Christen im Anschluß an die Herrngebote handelt. Dort hieß es: „Ist es möglich, soviel an euch ist, so habt mit allen Menschen Frieden. Rächet euch selber nicht, meine Lieben u. s. w."

Sie wußten aber zugleich wohl, daß Paulus, der hier die persönliche Rache den Einzelnen verbietet, ausdrücklich die Obrigkeit als die Inhaberin der Vollmacht, zu strafen und zu rächen, hingestellt hat. „Jedermann", heißt es dort, „sei unterthan der Obrigkeit, die Gewalt über ihn hat. Denn es ist keine Obrigkeit ohne von Gott; wo aber Obrigkeit ist, da ist sie von Gott verordnet. Wer sich nun wider die Obrigkeit setzt, der widerstrebt Gottes Ordnung; die aber widerstreben, werden über sich ein Urtheil empfangen. — Denn sie (die Obrigkeit) ist Gottes Dienerin, dir zu gut. Thust du aber Böses, so fürchte dich; denn sie trägt das Schwert nicht umsonst, sie ist Gottes Dienerin, eine Rächerin zur Strafe über den, der Böses thut."

Die Anhänger dieser Richtung sind, nachdem die Vorurtheile wider sie einmal überwunden waren, von den meisten Staaten gern als Unterthanen aufgenommen worden. Denn sobald man ihre religiösen Ueberzeugungen schonte, haben sie sich überall als treue Bürger erwiesen. Arbeitsam, still, mäßig, friedfertig und wahrheitsliebend, wie sie waren, sind sie in den Gegenden, wo sie lebten, oft für die ganze Umgebung ein Segen geworden.

Es ist wahr, daß alle diese Parteien von je einen tiefen Widerwillen gegen Krieg und jedes Blutvergießen an den Tag gelegt haben. Sie sagten und glaubten, daß Christus die Seinen wohl gelehrt habe, zu sterben, aber nicht zu tödten. Die

Meisten unter ihnen hielten es deshalb um des Gewissens willen für sicherer, kein öffentliches Amt oder irgend eine Pflicht zu übernehmen, die sie gezwungen haben würde, bei der Tödtung ihrer Mitchristen mitzuwirken. In diesem Sinn, meist aber auch nur in diesem Sinn, waren sie nicht für die Uebernahme öffentlicher Aemter. Nicht, als ob sie sich zum Richter hätten machen wollen über die, welche das Recht über Leben und Tod in Anspruch nahmen, oder als ob sie dem Staat das Recht zur Führung des Schwertes bestritten hätten. Aber doch wollten sie für ihre Person nicht gern dabei mitwirken.

Die Pflicht zur Mitwirkung an der Vertheidigung des Vaterlandes und des Staates, der ihr Leben und ihr Eigenthum, ja ihre ganze äußere Wohlfahrt schützte, haben sie schon im 16. Jahrhundert (z. B. durch Zahlung von Kriegssteuern) größtentheils anerkannt. Viele vermieden es, mit der Waffe in den Krieg zu ziehen; Andere aber sagten und lehrten, daß die Verweigerung des Waffendienstes bei der Lage der Dinge in dieser Welt einstweilen eher dazu beitragen werde, die Zahl der Kriege zu vermehren, als zu vermindern, und daß nicht die Uebung in den Waffen es sei, welche die Kriege hervorrufe. Sie hielten es daher für sicherer und eher zum Ziele führend, in den Herzen der Menschen die Keime des Krieges zu bekämpfen, als das Vaterland durch Ablehnung der Waffenübung der Gefahr des allgemeinen Elends und der Schande auszusetzen.

Die besondere Betonung der Frage des Kriegsdienstes erklärt sich zum Theil aus geschichtlichen Verhältnissen. Einerseits nämlich ist dieselbe aus dem berechtigten Widerwillen der ältesten Schweizer Täufer gegen das unmoralische Söldnerwesen (Reißlaufen) in der Schweiz erwachsen, und andererseits war nach den Münsterschen Ereignissen die Waffenlosigkeit zum Merkmal aller antimünsterischen Täufer geworden.

In späteren Jahrhunderten ist eine erhebliche Abschwächung

der Theorie eingetreten. Weder in Holland noch in Deutschland weigern sich gegenwärtig die Mennoniten, sich einer vaterländischen Pflicht zu unterwerfen, die alle gleichmäßig tragen. Selbst diejenigen ausländischen Gemeinden, welche noch heute an der Auffassung festhalten, wie sie zu der Zeit bestand, wo es in den freien Willen des Einzelnen gestellt war, die Waffen zu nehmen oder nicht, erkennen doch diejenigen, welche den Waffendienst in der gesetzlichen Form leisten, unumschränkt als Brüder an und sprechen dadurch wenigstens mittelbar jeder Gemeinde das Recht zu, hierin nach ihrem eigenen Gewissen zu verfahren.

Sowohl das Verbot der persönlichen Rache wie die Lehre von der sogen. Wehrlosigkeit waren bestimmt, den Geist **duldsamer Liebe** zu verwirklichen, wie Jesus ihn gelehrt und wie ihn bereits die altchristlichen Gemeinden zur Geltung zu bringen versucht hatten.

Aber diese duldsame Liebe konnte sehr leicht in Trägheit und Schwäche ausarten, wenn ihr der **geistige und sittliche Kampf** um die Wahrheit nicht ergänzend zur Seite ging. Und in der That läßt sich beobachten, daß seit der Zeit, wo die altevangelischen Gemeinden den Kampf für ihre Ideen einstellten und sich in ein beschauliches Stillleben zurückzogen, der alte Geist der Opferwilligkeit sich vielfach verlor und eine völlige Stockung des geistigen und geistlichen Lebens an die Stelle trat. Die Vorstellung, daß sie eine Aufgabe in der Welt zu erfüllen hatten, die in früheren Jahrhunderten sie durchdrang und begeisterte, war verschwunden, und die Söhne und Enkel lebten im Genuß ihres Reichthums und der Privilegien, die ihre Vorfahren mit Gut und Blut erkämpft hatten.

Sowohl die sogen. Waldenser wie die Täufer haben stets daran festgehalten, daß die Taufe auf den Glauben die rechte Taufe sei, aber es hat für beide Gemeinschaften Umstände und Zeiten gegeben, wo sie den Gebrauch der Spättaufe zeitweilig eingestellt haben. Denn so wichtig ihnen die Taufe war, so haben sie doch niemals die Seligkeit an sie geknüpft und konnten sie nicht daran knüpfen, weil ja sonst alle Kinder verdammt gewesen wären.

Erst in den heftigen Kämpfen, welche seit dem Jahre 1525 um die Spättaufe entbrannten, hat sich in und außerhalb der Gemeinden vielfach die Anschauung festgesetzt, daß die Spättaufe den eigentlichen Kernpunkt des Systems bilde, und der falsche Name „Wiedertäufer" hat diese Vorstellung befestigt. Der Punkt, um dessentwillen so viel Blut floß, mußte wohl das Hauptstück des Christenthums sein.

Schon im 17. und noch mehr im 18. Jahrhundert hat sich diese Vorstellung erheblich abgeschwächt. Die Mennoniten-Gemeinden in der Schweiz haben im 17. Jahrhundert, um der Unterdrückung zu entgehen, die Uebung der Spättaufe zeitweilig ganz eingestellt, ja sogar ihre eignen Kinder taufen lassen.*) In Holland fand im Jahre 1765 die Freigebung der Taufe in dem Sinn, daß die bereits als Kinder Getauften nur auf ihr Begehren zu taufen seien, unter den Mennoniten in Jan Beets († 1788) einen beredten Vertheidiger.**)

Als im Jahre 1803 die deutschen Mennoniten-Gemeinden zu Ibersheim in der Pfalz eine große Versammlung hielten, ward der Beschluß gefaßt, daß solche Personen, die in der Kindheit getauft seien, lediglich dann, wenn sie selbst es wünschen, beim Uebertritt getauft werden sollen. Im Jahre 1825 faßte die taufgesinnte Gemeinde zu Zwolle einen gleichen Beschluß, und der Prediger Asverus Doyer vertheidigte denselben in einer

---

*) Joß, Gottl. Das Sektenwesen im Kanton Bern. Bern 1881, Seite 20.

**) Siehe das Nähere bei C. Sepp, Biblioth. van Nederl. Kerkgesch. 1886, Seite 406.

eigenen Schrift. Nicht alle Holländer waren damit einverstanden, aber die allgemeine Ueberzeugung ging dahin, daß die Freiheit der Gemeinden, auf welche man allerseits den größten Werth legte, beeinträchtigt werde, wenn man in diesem Punkt den Einzelgemeinden nicht volle Freiheit lasse. So nahm die Zwoller Gemeinde Mitglieder ohne Spättaufe auf, und die ganze Gemeinschaft erkannte sie als Brüder an.

Auch über die Auffassung des Eides sind die altevangelischen Gemeinden aller Jahrhunderte im Ganzen stets einig gewesen, nur daß die sogen. Waldenser nicht ganz so streng darin waren als die Täufer.

Die bestimmte Anweisung Christi, wie sie Matth. 5, 34 ff. vorliegt, und die ebenso bestimmte Bestätigung dieses Verbots durch Jac. 5, 12 schien alle die Gegengründe zu überwiegen, welche sowohl aus dem Alten Testament wie aus den Briefen des Paulus beigebracht werden können.

Für eine Partei, welche ihre Stärke in der besonderen Betonung der Befehle Christi fand, konnte folgerechterweise weder die Autorität des Alten Testaments noch des Paulus jene durchaus bestimmte und klare Anweisung Christi umwerfen. Sie hielten es, was man auch sagen mochte, um des Gewissens willen für sicherer, nicht zu schwören.

Bei einer Gemeinschaft, welche auf den Grundsätzen der Freiheit und Freiwilligkeit aufgebaut ist, versteht es sich von selbst, daß die Gewissensfreiheit zu ihren vornehmsten Prinzipien gehörte. Im Gegensatz zu der Lehre des Alten Testaments waren sie überzeugt, daß es Christi Wille sei, den Irrthum nicht durch Feuer und Schwert, sondern durch die Wahrheit zu überwinden. In dieser Sache, die ihrem bekannten Widerwillen gegen Menschentödtung stets besondere Nahrung gegeben hat, sind alle Schattirungen stets vollkommen einig gewesen; ja selbst in Münster ist es auf dem Höhepunkt des Fanatismus bis jetzt in keinem einzigen Fall urkundlich nachgewiesen, daß um des Glaubens willen eine Hinrichtung stattgefunden habe.

Es ist bei Weitem noch nicht genügend bekannt, welche hervorragenden Verdienste sich diese alten Gemeinden nicht nur um die Erkämpfung der Gewissensfreiheit, sondern auch um die Abschaffung der Sklaverei und des Hexenwesens erworben haben. Deutsche Mennoniten sind die ersten gewesen, welche gegen die Sklaverei, wie sie sie in Amerika vorfanden, mit that=kräftigem Handeln aufgetreten sind, und den Quäkern gebührt das Verdienst, die Sache erfolgreich weiter geführt zu haben. Ganz ähnlich steht es mit dem Hexenwesen.

Auch weiß man heute meistens nicht, daß die Quäker die Väter der Heidenmission sind, daß das Diakonissenwesen in der deutschen evangelischen Welt aus holländischen Mennoniten-Gemeinden herübergenommen ist und daß die Presbyterial- und Synodalverfassung, wie sie sich später in Deutschland gestaltet hat, auf die Einrichtungen zurückgeht, welche von der Organisation der sogen. Täufer-Gemeinden aus sich zunächst am Niederrhein entwickelt hatten. Auch der im freisinnigen Protestantismus späterhin zu großer Bedeutung gelangte Gedanke von der Nothwendigkeit einer fortschreitenden Reformation begegnet zuerst in den Kreisen dieser „Ketzer". In der denkwürdigen Rede, mit welcher John Robinson im Jahre 1620 die „Pilger-väter" von Delft aus entließ, heißt es: „Ich kann den Zustand der Kirchen nicht genug beklagen, welche zu einem Abschluß in der Religion gekommen sind und jetzt nicht über die Werkzeuge ihrer Reformation hinausgehen wollen. Die Lutheraner bleiben bei Luther, die Calvinisten bei Calvin stehen; aber wenn auch diese Männer zu ihrer Zeit brennende und scheinende Lichter gewesen, so sind sie doch nicht in den ganzen Rathschluß Gottes eingedrungen und sie würden, wenn sie heute lebten, ebenso willig weitere Erleuchtung annehmen wie damals die zuerst empfangene, denn es ist unmöglich, daß mit einem Male die Vollkommenheit christlicher Erkenntniß hätte erscheinen können". Jene Männer haben, fügte Robinson hinzu, nach ihrem Geist an dem Reiche Gottes gebaut; wir arbeiten nach unseren Gaben weiter. Robinson erkannte mithin die Bedeutung der Reformatoren vollkommen an; er war weit davon entfernt, sie zu verketzern oder ihre Anhänger als Sektirer hinzustellen, nur bat er darum, daß das Recht, das er jenen einräumte, auch ihm und den Seinen nicht vorenthalten werde.

Es ist zwar richtig, daß die Vertreter der alten Gemeinden in Deutschland für die theologische Wissenschaft nicht viel geleistet haben, aber um so mehr Anregungen auch auf wissenschaftlichem Gebiet sind in Holland und England gerade von dieser Seite ausgegangen.

Während in Deutschland vom 17. Jahrhundert ab die protestantische Theologie sich in ein Labyrinth dürren scholastischen Streites verlor, wurden von den Arminianern (in Fortsetzung der Bestrebungen von Männern wie Denck, Brunfels, Franck) die Grundlagen zu einem kritischen Studium der biblischen Schriften gelegt, welches auf dem Standpunkt des buchstäblichen Inspirationsbegriffes natürlich nicht hatte gedeihen können.

Es ist eine überaus merkwürdige Geschichte, die uns in den Schicksalen dieser altevangelischen Gemeinden und ihrer Ideen entgegentritt. Seit Jahrhunderten verfolgt, verketzert und zur Schlachtbank geführt, ist es doch ihren Gegnern nie gelungen, sie auszurotten, und ihre Ideen haben sich, trotz der Zurückdrängung ihrer Träger von Jahrhundert zu Jahrhundert mächtiger und mächtiger Bahn gebrochen. Aus den Gräbern ihrer Märtyrer entsproß wie aus dem Samenkorn, das sterben muß, wenn die Pflanze wachsen soll, neues und reiches Leben unter den Völkern.

Man sieht mit Staunen, wenn man in ihre Geschichte eindringt, daß es sich hier um eine Leidensgeschichte ohne Gleichen handelt. An ihnen sind die Vorhersagungen Christi: „Siehe, ich sende euch wie Schafe mitten unter die Wölfe", und „Wenn sie mich verfolgt haben, werden sie auch euch verfolgen", wahrlich in Erfüllung gegangen. Aber gleichzeitig hat sich an ihnen auch die Zusage bewährt: „Es soll das Wort erfüllt werden, das in ihrem Gesetz geschrieben steht: Sie haben mich umsonst gehaßt."

Lassen Sie mich mit der Hinweisung auf die Worte eines Aufrufs schließen, welcher kürzlich an alle Evangelischen in Sachen der italienischen Waldenser ergangen ist. Dort heißt es, daß eine Gemeinschaft, die durch eine lange Leidensgeschichte ehrwürdig und achtungswerth geworden sei, die Theilnahme aller derer verdiene, denen die Lehre des Evangeliums am Herzen liege. Was in Bezug auf die Gemeinschaft der italienischen Waldenser hier mit Recht gesagt worden ist, trifft, wie ich glaube, auch auf die Nachkommen und Geistesverwandten der altevangelischen Gemeinden aller Jahrhunderte zu. Sie haben durch lange und schwere Leiden sich ein Bürgerrecht unter den Evangelischen erworben, das ihnen zwar naturgemäß Pflichten auferlegt, das ihnen aber doch zugleich auch einen Anspruch giebt auf die Gewährung der einzigen Forderung, die sie in Gemäßheit ihrer Grundsätze stellen, nämlich auf die Gewährung voller Gewissensfreiheit und Duldung.

Gedruckt in der Königlichen Hofbuchdruckerei von E. S. Mittler und Sohn,
Berlin, Kochstraße 68-70.

Schriften desselben Verfassers aus dem Verlage von S. Hirzel in Leipzig.

Die Waldenser
und die
Deutschen Bibelübersetzungen.
Nebst Beiträgen zur
Geschichte der Reformation.
gr. 8. Preis: ℳ 2,80.

Ein Apostel
der
Wiedertäufer.
gr. 8. Preis: ℳ 3,60.

Die Reformation
und
die älteren Reformparteien.
In ihrem Zusammenhange dargestellt.
gr. 8. Preis: ℳ 6.

Inhalt: Die Kirche und die Ketzer. — Das Glaubensbekenntniß der altevangelischen Gemeinden. — Verfassung und Gottesdienst der altevangelischen Kirche. — Kaiser Ludwig und die deutschen Bauhütten 1314—1347. — Die Waldenser und die altdeutsche Literatur. — Meister Eckart, Johannes Tauler und die deutsche Theologie. — Das Merswinsche Beghardenhaus zu Straßburg. — Ein berühmter Gottesfreund. — Die deutschen Bauhütten und die altevangelischen Gemeinden. — Die deutschen Waldenser nach der großen Verfolgungsperiode. — Der Waldenserbischof Friedrich Reiser († 1458) und die „Brüder" in Franken. — Die „Brüder" in Böhmen. — Die altevangelischen Gemeinden beim Beginn der Reformation. — Die Erneuerung der altevangelischen Literatur. — Johann von Staupitz und Dr. Martin Luther. — Das Täuferthum. — Die Schweizer Brüder. — Die große Zeit der altevangelischen Kirche. — Der Kampf um den alten Glauben. — Uebersicht über die späteren Entwicklungen.